辰巳芳子の野菜に習う

――この本を、恩師・加藤正之先生と、母・浜子に捧げる――

マガジンハウス

目次

春

夏

冬

●この本の計量単位はカップ1が200㎖、大匙1が15㎖、小匙1が5㎖です。
●この本でしばしば登場するチキンブイヨンは、日本スープの「チキンクリア」200gを6〜7倍の水で希釈して用いる。レシピ中でチキンブイヨンと表記しているものは、希釈したもの。購入は、茂仁香（☎0467・24・4088）まで。

筍《たけのこ》

丹波の筍。
掘りたてをすぐに茹でるのが理想。
部位により
歯ごたえも味も変わってくる。

ごく薄く、細く切ることで生まれる食べ心地は、調和そのもの。

ものの世界は正直だ。野菜も米も、肉も魚も、本質そのもの。中で、もっとも正直なのが野菜と思う。

正しく向き合えば、返事が返ってくる。味であったり、仕上がりであったり。その返事に、素直に耳を傾けられるかどうか。それが、野菜を扱うべきように扱う、最大の心得と思っている。その方法は、青菜のことは青菜に聞く。つまり「性根《しょうね》に心添えする」ことに尽きる。

さて筍だが――、筍ご飯にしろ筍寿司にしろ、ご飯と筍が口の中で分離し、どうにも具合が悪いと感じていた。あるとき知人から、筍のつくだ煮を千切りで作ると聞き、すぐに筍ご飯に試したら、まこと都合がよい。小さいころからの長年の疑問が、一気に解決した。以来、わが家の筍ご飯はこの形となったが、つくづく思う。どんなに小さな疑問でも手放してはならない、と。いつかは解決するし、この態度は人生のあらゆる局面に及ぶと思われるからだ。

さあ、ひと口召し上がれ。からみがよく、味も食べ心地も上々。見た目も美しく、物相《もっそう》で型も抜きやすい。

茹で筍（茹で方は8ページ参照）は全形のまま、まな板にのせ、底の部分を尽くせるがごとく薄切りに。

さらに、ごく細い千切りにする。この方法で、年配の方も筍の不消化をまぬかれる。

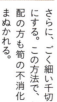

筍ご飯

●材料（作りやすい分量）

米　4合

茹で筍（8ページ参照、下部を千切り）
　カップ山盛り1

昆布（5cm角）3〜4枚

塩　小匙⅔

酒　大匙2

薄口醤油　大匙1½〜2

木の芽　適宜

●作り方

① 茹で筍は写真（右ページ下）のように切る。

② 米を研ぎ、通常の水加減、昆布、塩、酒、薄口醤油、①の筍を加えて炊く。

③ 器に盛り、木の芽を天盛りにして供す。

筍のつくだ煮

●材料（5人分）

茹で筍（8ページ参照、下部を千切り）
　カップ2

酒・水　各カップ¼

薄口醤油　大匙1

木の芽（包丁でたたく）　大匙山盛り1

●作り方

① 千切りの方法は筍ご飯に準ずる。

② 鍋に①の筍、調味料と水を入れて火にかけ、蓋をして炊く。火が通ったら蓋を取り、水分をとばす。さらにバットに一気に広げて熱気をとる。木の芽をふり込み、混ぜて仕上げる。

若竹汁には、甘皮を用いる。

皮に連なる甘皮の部分を、赤い線のように細切りにし、若竹汁でいただく。上等な出汁で、木の芽を添えて。

素材がもつ性にしたがって扱うべし。また、扱える人になってほしい。

竹は木とも草とも違う、竹は竹としか言いようのない性《しょう》をもつ。筍はその幼芽であるがゆえに、性そのものであるクセがあって当たり前。

そのクセの扱いに勘違いが多い。

こんな質問をいただいた。筍のえぐみを大根おろしで抜くと聞いたが本当か、と。驚きでした。筍のえぐみは抜くというより、その性根を旨みに昇格させてゆくほうがよい。(異質の)たんぱく質を非常に好むゆえ、たっぷりの糠《ぬか》で茹でることから始まる。

下拵《したごしら》えは写真を参照いただくとして、ぜひ覚えていただきたいのが、根の固い部分の扱いだ。ごく薄い輪切りにし、千切りにする。甘皮も千切りにする。この手法は辰巳家独特のものであるが、筍ご飯(7ページ)などに、食べ心地をつくってくれる。

できれば6～7本を一度に茹でる。展開を自在にするため。根っこの固い部分は千切りにして筍ご飯に。甘皮も千切りにして若竹汁にして大切に使う。

筍の下拵え

① 上皮を3～4枚むき、根のほうのえぼえぼを、包丁で丁寧にこそげ落とす。

②　頭のほうを斜めに切り落とし、切り口を上にして、タテに包丁目を1本入れておく。

③　筍6〜7本が全部入る深さのほうろうバットか鍋を用意し、筍、赤唐辛子3〜4本、糠カップ3〜4を入れる。

④　筍が浮かないよう網をかぶせ、すっかりかぶるくらいの水を加える。

⑤　浮きをおさえるため、網の上にきれいに洗った石をのせて重石とし、火にかける。煮立ったら火を弱め、ほたほた2〜3時間茹でる。

⑥　やわらかくなったら水にとり、よく洗い、皮をむいておく。保存しておく場合は、水につけておく。

⑦　むいた状態。甘皮の白い部分はつくだ煮などに展開するため、捨てないこと。

春がノックするがごとき筍の登場。香り高く召し上がれ。

世の中に「味つけ」という言葉があるが、味こそは生まれるもの、引き出すもの、組み立てるもの。つけようとして、つけられるものではない。

このことを、しみじみ納得するのは、筍の煮炊きものだ。一本の筍に、根方、中程、先端、甘皮と、造形的に使い分ける面白さに取り組む日本の扱いは、アジアの中でも独特だろう。今日は、中程・先端を使用。一切れ、二切れ食べれば満足するくらい大ぶりに切り、箸でちぎれるほどやわらかく炊く。一日がかりの仕事だが、味は生まれるものということを満喫できよう。

「隣の竹を招き入れたければ、動物の角質を埋めよ、逆に根を封じたければ、海草を埋めよ」と言われるように、筍はたんぱく質を好む。いや、必要とする、それほどの強さがあるのだ。

筍には濃いめの出汁《だし》を、と言う。だが今、出汁をひく人がどれだけいるだろうかと思う。それならば、出汁の鰹節の代わりに、赤身の牛肉(上等でなくてもよい)を一枚、筍を炊く鍋底に置いてみてほしい。あるいは、鶏の手羽を湯引いたものに割れ目を入れ、一緒に炊いてみてほしい。どちらの場合も、必ず昆布を敷くことは忘れずに。

筍・蕗・わかめの炊き合わせ

◎材料(作りやすい分量)

茹で筍(茹で方は8ページ参照)　適量
昆布　適量
鰹節の芯　適量
筍の煮汁
「一番出汁は筍がかぶる程度　塩適量
酒適量　みりん適量　薄口醤油適量」
木の芽　適宜

◎

蕗(水蕗)　適量
蕗の煮汁
「一番出汁あるいは筍の煮汁適量
酒適量　みりん少々　薄口醤油少々」

◎

わかめ　適量
わかめの煮汁
「筍の煮汁適量　みりん少々
薄口醤油少々」

奥の皿には、身欠きにしんの炊いたもの。花山椒の炊いたものをたっぷりのせて、春の香りと共にいただく。筍によく合う。

筍の炊き方

① 炊き合わせには、茹で筍の中間の食べよい部分と、穂先の部分を用いる。中間部分は約2㎝厚さの輪切りにして縦半分に切る。穂先部分は、縦4つに切る。

② 鍋に昆布を敷き、筍を並べたら煮汁の材料を入れ、さらに、鰹節の芯をくだいたものをガーゼに包んで加え、火にかける。煮立ったら火を弱め、ことこと1時間ほど炊く。

蕗（水蕗）の炊き方

① 蕗は塩で板ずりをする。

② 塩をつけたまま、茹でる。

③ 冷水にとり、水を替え替え、太いほうから皮を引き、まとめて引っ張るときれいにむける。

④ 食べやすいように4～5㎝に切る。

⑤ 蕗がひたひたになる量の一番出汁（あるいは筍の煮汁）、調味料で炊く（酒とみりんの割合は、1対1/2）。

わかめの炊き方

① わかめは洗い、食べやすい大きさ（2㎝角程度）に切る。

② 筍の煮汁を入れた鍋に、みりん、薄口醤油で追い味をして、さっと煮る。

● 器に、筍、蕗、わかめを形よく盛りつけ、たっぷり木の芽をあしらう。

筍の中程を2㎝の輪切り。大きければ、さらに半割りにしておく。先端は縦4つに切る。

鍋に、切り込みを入れた昆布を敷き、筍を並べ、出汁とあれば鰹節の芯、調味料を加える。

水蕗は、茹でてから冷水にとり、水を替え替え、太いほうから皮を引く。

淡白な素材に、濃厚なソース。筍とベシャメルの相性やよし。

家庭料理に欠かせぬベシャメルソース。作り方は次項でくわしく説明するが、この展開で、皆さまがいちばん重宝なさるのは、グラタンかと考え、グラタン二種。似ているようで、似ていないものを紹介する。素材の差による、微妙な濃度調節が、ベシャメルソースを使った料理の勘どころ。「勘」は知識と経験の両輪によって生身に刻印してゆくもの。

ドリアとは、ライスグラタンのこと。

ドリアのやさしいようで難しいところは、ベシャメルが固くてご飯と離ればなれにならぬようにすること。ゆるくなりすぎることはまずないと思う。

筍に乳製品を組むなど論外という方もあろうが、これは単なる思いつきではなく、筍が高たんぱくを好むという、ものの本質にそった考案だ。ドリアは、残り物の筍ご飯を温め、茹で卵の輪切りでも置けば、容易にできる。

筍のグラタン

●材料(4人分)

ベシャメル　半単位
(14ページを1単位とする)
チキンブイヨン　カップ1強
茹で筍(8ページ参照)　正味500g
筍に使うチキンブイヨン・塩　各適量
パルメザンチーズ　適量
バター　適量

●作り方

① 筍を一口大に切り、ブイヨンを塩で調味し、ゆっくり炊く。

② 分量のベシャメルを温めたブイヨンでのばし、これを裏漉す。つやを帯び、なめらかになったものを弱火にかける。ここへ①の筍を静かに加え、木べらで底から丁寧に1、2回混ぜ、5分ほどなじませ炊きする(煮る目的ではない。こういう仕事は他にもある)。

③ ②をグラタン皿に移し入れ、パルメザンチーズをふり、ちぎりバターをところどころに置き、オーブンの上段で焼く。

● 筍がブイヨンを吸っているので、ソースをブイヨンカップ1でのばせば、ほどほどの濃度になると思う。しかし鍋の寸法、火加減で、適正濃度は変化する。随時、濃度調節をしうるよう、ブイヨンは余分に温めておくこと。

筍ご飯のドリア

●材料(4〜6人分)

ベシャメル　1単位(14ページの分量)
米　カップ4
玉葱みじん切り　カップ½

オリーブ油　大匙3
チキンブイヨン　カップ4 1/3
塩　小匙1
ローリエ　1枚
茹で筍の刻んだもの（8ページ参照）　カップ1
鶏肉　300g
パルメザンチーズ・バター　各適量

●作り方

まず、炊き込みの筍ご飯を作る。

① 米を洗い、ザルにあげ、水きりをする。

② 玉葱みじん切り、鶏肉は親指大ぶつ切り（鶏の代わりに海老を使ってもよい）。

③ ご飯を炊く鍋にオリーブ油と玉葱を入れ、中火以下の火加減で炒める。続いて米とローリエ、塩少々（分量外）を加えて7、8分炒める。米を手でつぶしても崩れないほどのやわらかさになったら、筍と鶏肉を入れ、さらに2、3分炒める。煮立てたブイヨンと塩を加える。

④ 煮立ったら鍋底からかき混ぜ、あとは火を弱めて炊きあげる。約15分で仕上がる。

⑤ ④が蒸らし終わったら、バターをぬった大きめのグラタン皿に移し入れ、1単位のベシャメルをカップ1強のチキンブイヨン（分量外）でのばし、ご飯の上を1cm以上ソースで覆い、パルメザンチーズをふり、ちぎりバターを置き、オーブンの中段で焼く。

ベシャメルソース

ふんわり羽二重の如き舌ざわり。この濃度調節法で変幻自在。

ベシャメルソース。つまりホワイトソースは、生まれ故郷のレストラン周辺では、時代遅れと聞く。

家庭におけるベシャメルソースはやはり、欠かせぬソースだから、作り慣れて、難なくこなせたほうがよいと考える。解説するベシャメルの濃度調節は、ソースを必要とするあらゆる料理とソース濃度の関係を示す糸口になりえよう。作り方、濃度調節法、ともに恩師・加藤正之《かとうまさゆき》先生の膨大なる練習量の中から、シンプルに示された貴重な方法である。

ベシャメルソースの基本

● 材料（1単位）

バター　50g

小麦粉　70g

牛乳　カップ2

塩　小匙1

ローリエ　1枚

● 作り方

① 18㎝の片手鍋にバターを入れ、弱火でバターを溶かす。熱した鍋にバターを入れるのは厳禁。

② バターが溶けたら小麦粉を一度に入れ、バターを練り合わせる。10の火を3または2にして7分から8分くらい練っていると、粉とバターが合わさったものが、だんだんさらさらになる。この仕事は念入り、辛抱が肝心。

③ ここに温めた牛乳の$\frac{1}{3}$、ローリエ、塩を加える。充分さらさらにした粉と牛乳がほぼ同温であれば、だまになったり、粉臭くなったりすることはない。牛乳を加えると粉はゆるむが、練っていると、餅のように一つに固まってくる。ここへ残りの牛乳の$\frac{1}{2}$を加える。また練って、餅のように固まったら、さらに残りの牛乳を加えて練る。今度はやわらかい餅になる。これをさらに練っていると、つやを帯び、ふんわりとした羽二重のような、ベシャメルのタネとなる。

弱火でバターを溶かし、小麦粉を入れて、さらさらになるまで練り合わせる。

温めた牛乳の$\frac{1}{3}$を加え、再び練る。牛乳は粉と同じくらいの温度にすること。

練っていると、餅のように一つに固まってくる。その後、さらに残りの牛乳の$\frac{1}{2}$を加えて練る。

さらに残りの牛乳を加えて練る。

練りつづけるとつやを帯び、ふんわりとした羽二重のようなソースになる。

この基本ソースにチキンブイヨンを加える。その濃度によって料理に使い分ける。

仕上げに漉す。漉し器は網が二重になったものを。舌ざわりがだんぜん違う。

用途別のゆるめ方

[基本ソースにカップ$\frac{1}{2}$のチキンブイヨンを加える]

- ベシャメルで作るコロッケ
- ボンヌマリー(魚の中骨を抜き、オランデーズソースを絞り込む料理)

[基本ソースにカップ$1\frac{1}{2}$のチキンブイヨンを加える]

- ビレロア
- 豚ひれ肉のストラスブルジョア、鶏や豚肉のパイ

[基本ソースにカップ2のチキンブイヨンを加える]

- チキンフリカッセ
- 鶏のチーズ焼き
- トロビィユ、ライスグラタン

[基本ソースにカップ3のチキンブイヨンを加える]

- ホワイトシチュー
- マカロニグラタン
- 卵グラタン

[基本ソースにカップ$3\frac{1}{2}$のチキンブイヨンを加える]

- 魚や鶏肉にかけるソース

[基本ソースにカップ6〜8のチキンブイヨンを加える]

- ポタージュスープ(とうもろこし、グリーンピース、アスパラガスなど)
- 野菜を蒸らし炒めしたものと合わせ、スープに仕立てる

独活《うど》

寒独活、春独活があるが、今や通年流通しているので、気後れせず食べてほしい。うぶ毛が多く、色の白いものを選ぶとよい。

上等な香り、歯ざわりと共に、薬効をお忘れなく。

佐藤潤平著『家庭で使える 薬になる植物 第Ⅱ集』、「ウド」の項によれば、通常私たちが食しているものは「山独活」と呼び、珍重しているものを、生食用に軟化させたもののようだ。効能は、神経痛・強壮・感冒など。栄養学が取り上げぬ野生に属するもの。春なら、よもぎ・芹《せり》・根三つ葉・のびる・明日葉・山独活。すべて野菜になり薬効を備えている。独活のサラダは、十歳頃から大好物だった。セロリにない上等をお楽しみください。

独活と防風《ぼうふう》のサラダ

● 材料(作りやすい分量)

独活　1本
防風　適量
オリーブ油　適量
塩　適量
バルサミコ酢(白)　適量

● 作り方

① 独活を4cm長さに切り、皮を厚めにむき、水につける(皮はきんぴらに用いるので、別の水につける。22ページ)。
② 独活を細い拍子木に切り、再び水につける。
③ ②の独活を布巾に包み、軽くふるようにして水気をきる。
④ 防風は水につけて汚れをとり、葉と茎に切り分ける。茎を4cm長さに揃え、細いものは二つ割りに、太いものは四つ割りにする。
⑤ ボウルに独活と防風を合わせ、オリーブ油で和え、塩、バルサミコ酢で味をつける。防風の葉を添え、供す。

より白く仕上げるなら酢を少々加えても。4㎝長さに揃えるのは、食べ心地をつくるため。

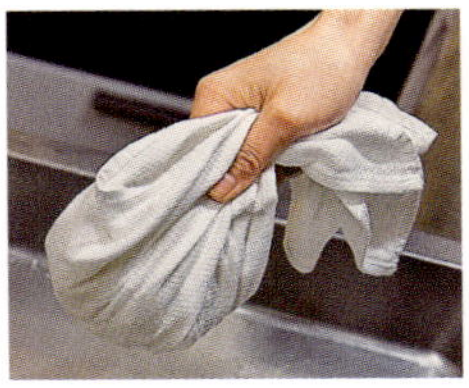

野菜の水気をきるには、布巾で包むのが簡便、確実。軽くふればよい。葉もの野菜も。

ペティナイフを用いて割く。手に入れた防風によって、二つ割り、四つ割りに。

独活と防風はバランスよく。まずはオリーブ油で和え、油の膜を作ってから塩味をつける。

ふだんはあしらいに用いられる防風にも薬効がある。字の如く、風邪を予防してくれる。ガラス容器は、石井康治作。

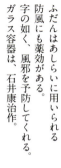

野のものの香気、魚の子の充実、この国ならではの美味を具現。

春は魚の子の季節。鱈《たら》の子二種、鯥《むつ》の子、鰊《にしん》の子（塩漬けして数の子）、最たる高級が鯛《たい》の子だろうか。

魚の子を季節の香り高い野のものと炊き合わせて食す。とっぽりおいしい炊き汁を含んだ魚の子、子の旨みを言葉にするのは至難の業で、私の手に負えるものではない。わざとらしさのない充実感とでも言おうか。この充実感をよろこばしくも支えてくれるのは、実は日本の発酵調味料、これがあればこそ、魚の子のありがたみを手にとるように味わえよう。諸外国に例はまったくない。

独活と鯛の子の炊き合わせ

●材料（作りやすい分量）

鯛の子（真子）　2腹
独活　1本
出汁　カップ3
（真子を並べた上2cmくらいを目安に）
酒　適量
みりん　適量
醤油　適量
木の芽　適宜

●作り方

① 独活は2cm長さに切り、皮をむき、水につける（皮はきんぴらに用いるので、別の水につける。22ページ）。
② 塩湯で五分通り下茹でする。
③ 真子を流水で洗い、太い血管に包丁で穴を開け、しごくように血を除く。
④ 真子を食べやすい大きさに切る。出汁を火にかけ、酒、みりん、醤油を加え、温めておく。
⑤ 別鍋に④の真子をそっと並べ、④の調味液を注ぎ、静かに炊く（一晩おいて味を含めるとよい）。
⑥ 真子を取り出し、その汁を漉す。漉した汁に、②の独活を入れ、さらに酒、

真子をきれいに洗う。新鮮なものを鮮魚店に依頼しておくとよい。

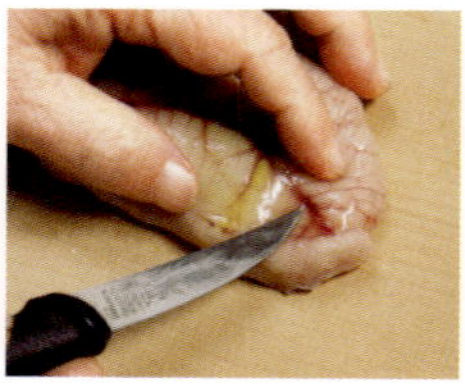

太い血管の先端に、ペティナイフで穴を開ける。臭みをとるため、血を出すため。

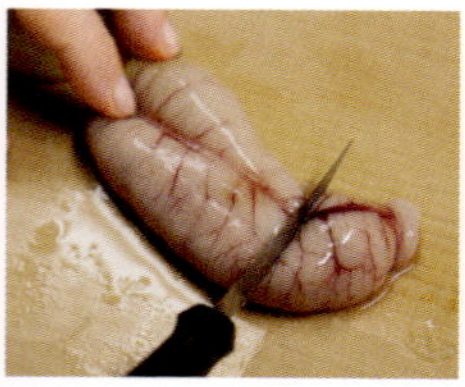

穴を開けたほうと反対側から、ナイフの背で丁寧に、しごくように血を出す。

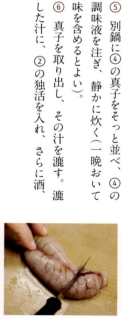

みりん、醤油で味をととのえ炊く。
⑦ 七分通り独活に火が通ったら、余熱で完全に火を通す。
⑧ ⑥で取り出しておいた真子を鍋に戻し、静かに温める。木の芽を添えて供す。

●調味料で味は決まる。薦めたいみりんは「三州味醂」(角谷文治郎商店☎0566・41・0748)、醤油は大久保醸造店の「紫大尽」(茂仁香☎0467・24・4088)。

魚の子の美味をお伝えしても、
炊いてくださる方は少ないでしょうか。
それでも、
繰り返しお伝えしたいのが、
春のこの味。
器は萩焼、十一世坂高麗左衛門作。

調味した出汁で真子を炊くのだが、固くなりすぎないように、ふんわりと。

一晩おいて味を含ませるとなおよい。手でそっと、真子を取り出しておく。

シノワに布巾などをかけ、煮汁を漉しておく。この汁で、独活を炊くのだ。

独活を入れたら、汁の味をみる。味をととのえるために、まず酒を適宜投じる。

さらにみりん、醤油を加えて、味をととのえる。七分通り炊けたら、余熱で火を通す。

平穏な暮らしの象徴、感謝を込めて味わいたい。

百合根をベシャメルソースで和え、コキールにしたものを紹介している（162ページ）。

この独活のベシャメル和えも、似通っている。百合根とベシャメルは、百合根の上品で香り高いでんぷんの旨みとの取り合わせ。独活の場合は、その香気と、すっぺりとした口ざわり。ベシャメルと一体化した妙味は、互いにほほえみを交わすほどのもの。

料理というものは、質の異なるものの組み合わせで味を創出する仕事。しかも一人楽しむのでなく、おいしいという喜びを分かち合える業。人間の脳には、共感を求めるしかけがあり、そのゆえに、愛し合わずにはいられないのだそうだ。共感を分かち合う——端的な共感は、食卓を共にすることではないか。東日本大災害のつらい体験で、互いに日常性の意味をいやというほど悟った。

独活のベシャメル和えの上品は、平穏な暮らしの象徴のようなものである。このような美味を供せるならば、当たり前でない無事を感謝いたしましょう。

独活のベシャメルソース和え

● 材料（作りやすい分量）

独活　1本
ベシャメルソース　適量
（作り方は14ページ参照）
チキンブイヨン　適量
（ベシャメルソースの2.5倍）
レモン　適量
塩　適量
ローリエ　1枚

● 作り方

① 独活を2cm長さの筒切りにし、皮をむく。むいた独活をレモンの輪切りを浮かべた水につける（皮はきんぴらに用いるので、別の水につけておく。22ページ）。

② チキンブイヨン（分量外）に塩、ローリエを加え、①の独活を投じて六〜七分通り炊いて火を止め、余熱利用で完全に火を通す。

③ ベシャメルソースを2.5倍のブイヨンでのばし、漉す。塩で味をととのえる。

④ ③の鍋に②の独活を入れ、ソースをからませる。

2cm長さに独活を切ってから、皮をむく。皮はきんぴらに用いるので、別の水につけておく。

レモンの輪切りを浮かべた水につける。酢でもよいが、レモンのほうが洒落た味がつく。

作りたてのベシャメルには、そのままブイヨンを加えてのばすが、作りおきしたものは、ブイヨンを温めた中に投じて、ゆるゆるのばすのがコツ。

ゴリッとせず、すっぺりした独活の持ち味を生かすよう、余熱を利用して火を通す。

作りたてのベシャメルには温めたブイヨンを。作りおきの場合は、温めたブイヨンの中に投じる。

シノワで漉す。舌ざわりがぐんとよくなる。その後、味をみて塩でととのえる。

ソースの量とのバランスをみながら、和えること。どちらが多すぎても具合がよくない。

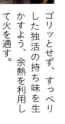

気の利いた小皿ものを作る——それは才覚の見せどころ。

「きんぴら」とは口ざわりを残すように炒め、調味料を浅くからめたもの。捨てがたい小皿ものだ。語感と料理の性格のそりがぴったりであるところも面白いと思う。

しかし呼び名のいわれは、今のところわからない。ただ語感のように作らねばならぬことだけは確かである。

きんぴらの代表格はごぼうかもしれないが、蓮根の薄切りもよいものだ。皮のきんぴらとしては、独活を筆頭に、茄子、大根もけっこう使える。

きんぴらにも一種の格づけがあり、惣菜・弁当のお菜用もあれば、気の利いたものとして珍重されるものもある。

独活の皮、茄子の皮など、その類だろう。「独活の皮は熱燗に」「茄子の皮はビールに」。才覚の見せどころですね。皮まで賢く使う／食材を大切にする／金を活かす。物事をこのように敷衍《ふえん》して考えるのも一興。理屈が先走って、包丁が立たなければ、格づけもへったくれもない。ごぼうなど、ささがきと細切りで、味の差も比べてほしい。

独活の皮のきんぴら

●材料(作りやすい分量)

独活の皮　1本分
オリーブ油　適量
酒　適量
みりん　適量
醤油　適量

●作り方

① 独活の皮を2㎜ほどの細切りにし、水にさらす。
② 冷たい鍋にオリーブ油を入れ、①の独活を加えて油をからめてから火にかける。
③ 炒めて、透明感が出てきたら、酒、みりん、醤油の順で加えて味をととのえる。

中央が高くなるよう盛りつけると美しい。後ろは、ちりめんじゃこの生姜炒め、昆布の煮たもの。

独活は4、5㎝長さに筒状に切り、皮をむくとよい。むいた独活は主菜に。

むいた独活と皮は、それぞれ別のボウルを用意し、水につけて、アクを抜いておく。

皮を細切りにして、さらに水につけ、アクを抜く。細切りは2㎜幅ほどが垢抜けておいしい。

独活の水をよくきり、油をひいた鍋で炒めてゆく。歯ざわりを残すように。

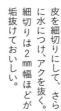

春
野草

野草

鎌倉自邸の庭で摘んだ、野草のあれこれ。日本たんぽぽは、母・辰巳浜子さんの時代から大事にしている。

冬にためたものを春に解毒、野草は少しずつ食すべし。

アク気の少ないレタスに春の野の摘みたてをひとつまみずつ入れ、オリーブ油でざんぐりコーティングし、のちに塩と酢をふり入れて常食にする。この日常性がいかに理にかない、あるようで数少ない幸せであるか。

人間は、生きるべき土地柄を、生き得る「条件」として生きる。すなわち「風土の総体」と一つになると生きてゆきやすい。レタスに少々の野草を添えるのは、その条件そのものを形にしたものである。

春は萌え出ずる季節。私たちの冬をしのいだ体も新たな活性化に向かう、これを容易ならしめるのが「萌え出でた」ものである。

——その例——（関東湘南の有様）

二月、立春の陽光を受けるか受けぬかで必ず芽を見せる一番のりは蕗の薹。七草で知られる、なずな／ごぎょう（母子草）／すずな／すずしろ／ほとけの座／芹／山三つ葉／山蕗／つわぶき／たんぽぽ／嫁菜《よめな》／のびる／かんぞう／小豆菜／クコ／うこぎ。加えて、あらゆるウロヌキ菜。朝、新聞を取りに行ったついでに少々摘み、レタスに加える。食し方の心得は、先人方は、野のもの中、害にならぬものを野菜に進化させた。その賢さを見習って食する。

野草のサラダ

● 材料（作りやすい分量）
レタス　3〜4枚
菜の花　適量
たんぽぽの葉　適量
なずな　適量
芹　適量
オリーブ油　適量
塩　適量
酢　適量

● 作り方
① 菜の類はすべて水を張ったボウルにつけ、自然に土などの汚れが落ちるのを待つ。同時に、葉を蘇生させる。
② よく水気をとり、食べやすい大きさにちぎり分け、オリーブ油で和える。その上から塩をふり入れて混ぜ、さらに酢を回しかけて混ぜ合わせる。

くれぐれも野草だけを食べないよう。解毒作用など、性が強いからだ。少しずつ食すのが賢い食べ方。

よもぎ

よもぎ

ビタミン豊富なよもぎ。
あくまで新芽の、
やわやわしているもののみを
生食にした。

アク気のない新芽を生食で。野趣ある肉類に、ぜひお試しを。

蕗の薹につづき、待ちかねたように勢揃いし芽を出すのが、草餅で知られる「よもぎ」だ。よもぎは強く、畠地、庭土のみでなく道端の踏まれた土にでも芽を出す。

山のように摘み、灰汁《あく》で茹で、水にさらし、細かく刻み、擂《す》り鉢ですり。これを餅に入れたり、団子に入れたり。この緑は、かけがえのない葉緑素だろうなと、ありがたく、おいしく、いただいていた。

先頃、長い寒さを耐えて芽を出したものが、いかにも「よいもの」に感じられたので、摘んだなり、その場で噛んでみたら、香気爽やか、アク気はまったくない。野草を生食するのは、と思ったが、野趣にとんだ肉類となら一種の調和を創出するのではないかと、焼鳥のあしらいに用いてみた。モツ・砂肝・ハツと呼ぶ心臓。つまり、ひとくせある部分には、とくに調和すると感じた。

しかし、成長した葉は灰汁で茹で、さらして用いるほどの性根を保有するものとしての食し方を忘れぬことだ。そして、摘んでから時間をおかず、用いること。その条件を揃えるためには、庭先に、よもぎ・根三つ葉・芹・日本たんぽぽを連れてくることだ。「楽しみ」よ。

薬味としてのよもぎ

ハツ・レバー・もも肉などを盛りつけ、合間によもぎをはさみ込むようにした。肉を食べ、よもぎを一片。そんな食べ方が合う。添えた山椒の粉は好みで。

蕗《ふき》の薹《とう》

灰汁水で蕗の性根をおさめ、春先に、代謝を助ける美味とする。

陽だまりの霜柱がじわっと溶けるその中に、蕗の薹は頭をもたげる。健気なものだ。

三つも摘めば二人分は充分、場合により、外側の葉だけ二、四枚もらうこともある。味噌汁の仕上がりに、ぱっと散らして、春の訪れを総身に受けるため。

摘みたての蕗の薹から春をもらう。贅沢の骨頂かもしれない。

マンションのベランダで野草が育つか否か知らないが、根三つ葉・芹・蕗・のびる・日本たんぽぽ・嫁菜など、育つ可能性を見出し、試作なさると、労せずして、季節は身近になる。

蕗の薹の食べ方は、無理のないところ、味噌汁に散らす・蕗味噌・天ぷらというところだろうか。何によらず、蕗の薹独特の香りとほろ苦さを丁重に活かさねばならない。

茹でる必要のあるものは、灰汁水で茹で、水にさらす。灰汁を用いるのは、蕗の性根には毒性もあると読んだ記憶からだ。

蕗味噌の美味は、胡桃の脂肪と性根の調和であり、天ぷらの食べ心地もそのあたりを押さえているからだと思う。こうした性根は、人間の春先の代謝をどれほど助けるか、計り知れない。

蕗の薹の茹で方

材料

- 蕗の薹（できる限り摘みたてのもの）10〜15個
- 灰　適量
- 水　適量

茹で方

① 水カップ1に対して灰を大匙1の割合で灰汁水を作る。

② 布巾やペーパータオルで漉す。

③ 鍋に入れ火にかけ、沸騰したら、ザルに入れた蕗の薹を静かに沈め、茹でる。茹だったら、ザルをあげ、水によくさらす。

● 茹でた蕗の薹は、蕗味噌にする。水にさらした蕗の薹の水気をよくしぼり、細かく刻む。擂り鉢で、胡桃をよく擂っておき、同量の味噌、好みで甘口の日本酒少々を加え、蕗の薹と和える。蕗の薹の分量と、胡桃味噌の分量は、ほぼ同等がおいしい。

以前は塩だけで茹でていたが、灰汁水で茹でたほうが、苦味をおさめてくれる。

灰を溶いた水は、必ず漉してから用いること。火にかけ、沸騰させる。

蕗の薹に限らず、青菜などを茹でる際にも、ザルを用いたい。一気に上げ、水にさらせる。

灰は、栗のイガの灰が上等と聞く。今は庭でイガを焼く家は少ないだろう。料理に使える灰(汁)は、ネットでも手に入れられるらしい。

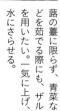

絹さや

絹さやは、
へたのほうから筋を取る。
端をもぐような方法でなく、
愛らしい形を壊さぬよう。

「炒める」のではなく、「からめる」。仕上がりの、ふっくらが違う。

「～炒め」、この言葉で、皆さまのお耳が反射的に反応なさるのは、水分のはぜる音——中華的な——ではないかと思う。実際に、ソテーでこの音が聞こえたら、実はオシマイ。バターなら焦げている、油なら燃えている。つまり、焦げたバターは、バターであってバターではないものである。味としても、栄養学的にも災いの元。ご紹介するのは、恩師・加藤正之先生の処方。私は、「炒めもの」の極意と思っている。

方法は、炒めたい具材の上に、バター（またはオリーブ油）と塩を置いて、少量の水分をさし、いわゆる「からめる」仕事をする。炒めるのではなく、具材にバターをからめる。オリーブ油の場合も同様である。

あらゆる豆の類、菜の類。小蕪、人参、芽キャベツ。すべてバターからめ。

人参のグラッセの場合は、塩、少々の砂糖、バター、それに水。鍋をゆすって、グラッセする。

いちばん難しいのは、ブロッコリー、花キャベツ。この二種は茹で方も難しいが、ソテーはより難しい。形を崩さず、蕾と軸のやわらかさが均一でありたいから。

何でもないことほど、何でもある。

絹さやのバター炒め

材料(作りやすい分量)

絹さや　300g
塩　適量
バター　20g
水　大匙2〜3

作り方

① 絹さやの筋を丁寧に取り除き、水につけておく。
② 濃いめの清汁《すましじる》ほどの塩湯で、絹さやを固めに茹でておく。盆ザルにとり、冷水をかけ回し粗熱をとる。
③ 鍋に絹さやを入れ、その上に適量のバターを置き、塩をふり入れる(この状態でおいておける)。
④ メインディッシュが仕上がるタイミングを計り、③の鍋を火にかけ、大匙2、3杯の水を加えて、静かに鍋を回し、からめて仕上げる。

鍋に、絹さやと調味料を入れて準備しておけば、主菜の出来上がりに合わせて、火にかければよい。同時に温かく供せる。

春

キャベツ

キャベツ

人に平和を与える蒸らし炒めの香り。野菜を扱うための、これが基本。

よいキャベツは見た目よりずっしりと重く、葉がつやつやかで、扱えばキュッキュッと切れるような音のするものだ。

キャベツの生食、コールスローや漬物の類、ザワークラウトも大切な食方法だが、上手に炊けたキャベツの旨みはなくてはならぬ一役を感じさせる。玄関までただようロールキャベツの香り、ポトフ鍋に十文字に紐がけされ、どっしり炊けてゆくキャベツ。煮炊きものの香りは、人に安定感をもたらす。

ここでの紹介は、大ぶりを一個大まかに切り、ベーコン(パンチェッタ=塩豚ならさらによい)とともに蒸らし煮をした。副菜として、七十余年我が家の定番で、お教えしたどなたもが重宝していらっしゃるものだ。

七十余年前は情報の時代ではなく、まして洋風独特の蒸らし煮、蒸らし炒めの手法など家庭に入るはずがなかった。

母はただ茹でることで失う持ち味をいとおしむあまり、自然に蒸らし煮という手法に至った。そして、この蒸らし煮に対する手ごたえから、さらに一段のぼり、「煮サラダ」というものを創作(98ページ)。ラタトゥイユとは別趣のものだ。

キャベツの蒸らし炒め

◉材料(作りやすい分量)

オリーブ油　大匙3

ベーコン　3、4枚(3㎜厚さ)または
ハム(望ましいのはパンチェッタ)

にんにく　1かけ

玉葱　100g

ローリエ　1枚

キャベツ　1kg見当

塩・胡椒　各適量

酢　大匙1〜1½

●作り方

①キャベツは1枚ずつはがす。葉の芯は切り取る。葉はごく大きくざく切りにし、籠へ。芯は1本ずつ、薄い斜め切りにし別器へ（キャベツの中心部は至ってやわらかいから生食用に大切に用いるほうが賢い）。

②ベーコンは燻した部分を切り除き、湯引く。鍋にオリーブ油少々（分量外）を入れ、弱火でベーコンを焼き、脂を滲出させ、ベーコンは取り出し、脂は捨てる。

③ここへ新たなオリーブ油を入れ、薄切りにした玉葱とにんにく、ローリエを入れ、鍋蓋をきせ、火力を落とし、刺激臭がなくなるまで蒸らし炒めし、キャベツの芯を加えしんなりするまで蒸らし炒めする。

④さらにキャベツの葉を時間差をつけて入れてゆく。外葉のほうから入れ、塩をふる。これが五分通り火が通ったら、鍋中を混ぜ合わせ、この上へ残りの葉を重ね入れて塩をふる。

⑤ここで、ベーコンを戻し並べる。鍋はキャベツの葉で盛り上がり、鍋蓋は浮くかもしれないが案ずることはない。そのまま弱火で蒸らし煮をつづける。

⑥あとから入れた葉に五分通り火が通ったら天地返しをする。ベーコンの形を保ちたければベーコンを取り出して鍋中を混ぜる。このあたりで塩、胡椒をし味をととのえる。全体が充分やわらかくなったら、少々酢をふりかけ仕上がりとする。

●この料理、玉葱が入っていることがわかってはいけない。そのための蒸らし炒めの方法はあらゆる料理に応用できる。

●酢をふると、キャベツ臭がおさまる。仕上げの酢は、あくまで香りづけのため。酸味を感じさせるほどの酢は不要。

●主菜が肉である場合は、良質のオリーブ油と野菜の味だけでまとめる。くせのない残り野菜と炊き合わせることもできる。

よいベーコンを選ぶことが肝心。
燻された部分を必ず切り取る。
そのまま使うと、
燻した匂いが味をじゃまする。

春野菜

春の清々しさを炊き込め、賑々しく、躍動感あふれる仕上がりに。

パエリアはその晴れがましい仕上がりぶりにおいて、炊き込みご飯の筆頭、だと思う。方法をのみ込み、熟達すれば、ピンは伊勢海老、キリは桜海老でも作れる自在性もまたすぐれている。

皆さまの中には、あの賑々しさで、人寄せを盛り上げたいと望んでいらっしゃる方もおありかと、五月の新野菜のパエリアをご紹介する。彼の国の人々は作らないが、多分拍手を送ってくれるだろう。

所変わればものの考え方、扱いも変わる。

「考え方」——私たちは主食＝米。欠乏は生命に関わるほどの感覚だが、欧米では、米は野菜の延長線上でとらえられており、それでお腹を満たす願いは持っていない。パエリアを食べつつ、パンを食べることでも明らか。イタリア人がリゾットなどを食す場合も同様だ。

「調理法」——米の食べ心地に対する願望が異なる。私たちは、あくまで、ふっくり、弾力のある噛み心地だが、パエリアもリゾットも、日本人からすればがっくりくるような、めっこ飯。

——彼我の鍋の相違のみでも察せられる——

パエリアの鍋は浅く広く、薄い素材で出来ており、蓋はせず、始めチョロチョロ、中パッパとは無関係に炊き上げる。また、水の量も通常とは異なる。こうした調理法による米の状態は想像におまかせする。

そんな文句をつけながら、なぜパエリアをすすめるのか。当然の疑問に対する答えは、具材の扱いに対するほれと、仕上がりの力動感。

下拵えをしたら、炒め、煮、オーブンへとほとんど一気呵成に行う。彼の国では、わが家自慢のパエリアはお父さんの仕事というのもうなずける。

米が野菜の延長ならいっそのこと、野菜類でと、実だくさんのスープや魚肉料理の相手にパエリアの華やぎと、日本風の米の食べ心地を一つにした解説をした。

野菜のパエリア

●基本材料(作りやすい分量)
米　カップ3
玉葱みじん切り　カップ$\frac{1}{3}$
オリーブ油　大匙3
サルサ・トマテ(＊)　カップ$\frac{1}{2}$
塩　小匙2
チキンブイヨン　カップ4
サフラン少々と温湯

●具材量(作りやすい分量)
小玉葱　6〜8個
茹で筍(8ページ参照)　適量
アスパラガス　6〜8本
空豆・人参・オリーブの実　各適量
(ピース・日本かぼちゃ・いんげん・ピーマン各種など適切素材)

●サルサ・トマテはスペイン風トマトソースのこと。作り方71ページ

●下拵え
米は1時間前に洗い、ザルにあげる。小玉葱と人参はつや煮。アスパラガス、空豆はしっかりめに茹でる。サルサ・トマテ、筍は前日に準備。玉葱みじん切り。サフランはカップ$\frac{1}{4}$の温湯に浸し色出し。ブイヨンを熱し、オーブンを中火で20分温める。

●仕上げ
ほとんど一気に行う仕事になる。
① 鍋にオリーブ油を温め、弱火で玉葱を炒める。
② ①に米を入れ、弱火のまま5分炒める。サルサ・トマテを加え、さらに3分。ここに熱したブイヨンを加え、塩とサフラン湯を入れ、水分がひき加減になるまで中火にして米を混ぜつつ煮る。
③ 水がひきかかったら、野菜類を楽しく米の上に、自由に飾る。アルミ箔で覆い、オーブンで、15〜18分焼く。

● パエリア鍋がなくとも、ソトワールが日本人にとって最適であります。

春

セロリ

セロリ

テーブルにどーんと、驚きとともに供される、洋野菜料理の女王。

セロリをひと株ごと肉のスープでとっくり炊き含めた料理。株なり皿盛りで供すにもかかわらず気品を備えている。仏料理でも古典に属するゆえか、近年、ホテルやレストランでも目にしない。しかし洋野菜料理の女王級、ぜひ紹介したいと思った。

私がこれを食べたのは、八歳頃。エーワンというレストランで、銀盆にのってテーブルの真ん中に供された。切り分けてもらい、子どもながらに感じ入り、大きくなったら作りたいと望んだ。四十歳頃になり、恩師・加藤正之先生に教えていただいた。人の子の魂は、憧れの居心地がよいらしい。

セロリ・オー・ジュ

湯気のたつ熱々もよいが、
夏は冷たくしても美味。
マヨネーズを少々の
白ぶどう酒で
のばしたものを添えると
洒落ている。
作りおきして、展開する。

● 作り方38ページ

ベーコンは脂を除き、必ず湯引きして用いること。味が違う。

中心の葉も丁寧に取り除く。葉を炊くと、色が黒くなってしまう。

鍋の大きさに合わせて長さを切り、10~11分、下茹でをする。

セロリ・オー・ジュ

●材料(作りやすい分量)

セロリ　1株
玉葱　1個
人参　1本
ベーコン　4枚
塩　適量(セロリの量、鍋の大きさで変わる)
チキンブイヨン　適量
(チキンブイヨンは、日本スープの「チキンクリア」200gに対し4倍の水で希釈)
葛粉　適量

●作り方

① セロリの葉の部分を、ペティナイフで取り除く。中心は広げるようにして小さな葉も取っておく。鍋の大きさに合わせて長さを切り、湯を沸かして塩を加え、株のまま下茹でする(10~11分)。

② ベーコンは脂部分を取り除き、湯引きする。玉葱は薄切り、人参は薄い輪切りに。

③ ①で茹でたセロリを引き上げ、粗熱がとれたら全体に塩を当て、軸を開くようにして内側にも塩を当てる。さらに芯の底にペティナイフで十字の切り込みを入れておく。

④ 鍋に、玉葱、人参を敷き、ベーコンをのせる。③のセロリをのせ、温めたチキンブイヨンを、セロリがすっかりかぶるくらい注ぎ、塩を加える。その上に、落とし蓋として切り込みを入れたワックスペーパー

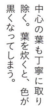

下茹で後、しっかり塩を当てる。塩が足りないとおいしくない。

底に十字の切り込み。ペティナイフを縦に差し込むようにする。

玉葱、人参、ベーコンを敷いた上にセロリ。温めたブイヨンを注ぐ。

をのせ、さらに網をのせ、重石をのせる。約90℃の温度を保つように、じっくり炊いて1時間半ほど。竹串がすっと通るくらいが目安。

⑤ スープを漉し、薄く葛を引き、とろみをつける（味が薄いようなら塩でととのえる）。大皿に④のセロリを株のまま盛りつけ、とろみのついたスープをかけて供す。冷やしてサラダのようにしてもおいしい。

切り込み入りワックスペーパー、網をのせ、浮かないよう重石を。

90℃くらいで煮立たせずに炊く。透き通ったスープが美しい。

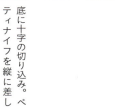

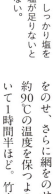

春

新じゃが

新じゃが

きれいに洗うのだが、できるだけ皮を傷つけないように洗いたい。仕上げがきれいになる。

皮はプッチリ、中はほっくり。芯まで火を通す手法でもって。

食べものには、しばしば物語がある。「ほら、おいしいでしょ」「うん、すっごくおいしい！」。大皿に山と盛った、揚げ小粒じゃが芋。外側はプチッと歯ざわり、中は、あつあつほっくり、新じゃがの旨み。母三十歳、私十歳。「いつものよりおいしい！」。子どもたちの言った「いつもの」とは、フレンチ・フライド・ポテトのこと。母は満面笑顔、「やっぱり、あたりだ」。愉快に溢れていた。

なぜ小粒芋を揃え、皮ごと揚げることにしたのか。想像するに。「奥さん、これあげるよ」、買う人のないものを八百屋がくれてよこした。もらいはしたものの、これを一個ずつ皮をむく？　いっそのこと、丸揚げにしてみよう。これがなりゆきかもしれない。揚げてみようの発想を支えたのは、自分自身の油扱いに対する「自信」。「油を疲れさせない」と言い、火加減を把握していた。その上、鍋蓋もきせる。熱をこもらせ、芋の芯まで火を通す。どこの天ぷら屋がこんな方法で揚げものをするだろう。芯まで火が通ったら蓋をとり、油の温度を上げ、皮をプッチリさせる。母はこうして、時に、無から有を、笑いながら創り出した。

新じゃがの丸揚げ

● 材料（作りやすい分量）
小粒じゃが芋　600g
揚げ油（なたね油）　適量
塩　少々
黒胡椒　少々

● 作り方
① じゃが芋をよく洗い、布巾で水気をふきとる。
② 大きな中華鍋に揚げ油を熱し、170℃くらいの温度の中に①を静かに入れる。少しずつ入れなくてもよく、一度に鍋いっぱいに入れて揚げてよい。
③ 必ず、蓋をきせて時々、箸や玉杓子でかき混ぜる。揚げるというより、油で煮ているイメージ。ゆっくりやわらかくなるまで揚げ、最後に蓋をとり、油の温度を上げて皮をぱりっとさせる。
④ あつあつを、塩と黒胡椒をかけて供す。

● おろしチーズをかけてもおいしい。

● 揚げ油は、疲れた油でよい。皮があるため、中身は油の影響を受けないからだ。

蓋をきせて、煮るように揚げる。時々、箸や玉杓子でかき混ぜ、均等に揚がるようにする。

芋の中心まで、すっと竹串が通ったらよし。あつあつのうちに食べるのが何より。

いくらでも食べていいお惣菜が
食卓にあるのは、
この上ない幸せである。
新じゃが特有の水っぽさは
微塵も感じない。

春

新人参

新人参

オレンジの香りで味が和らぎ、クミンで小粋な立ち上がりに。実に新鮮な味わい。

料理人の力量は、その野菜を味わえばすぐわかる。なぜなら、野菜料理は、一瞬にして味が変化し、油断できぬ相手だからだ。

恩師・加藤正之先生は「スープと野菜で十四年」という修業をなさった方だった。野菜が扱えれば、魚や肉は何時でも上手に出来ると繰り返し言われ、野菜に対して気を抜かぬよう励まされた。

生の野菜の扱い――寸法のこと。茹でもの――とくに花と軸が一つになっている、ブロッコリーや花キャベツ。アスパラガスのように、先端のやわらかさに繊維質の軸が連なっているもの。小蕪のように旨みがたちまち流出してしまうもの、などなど。分刻み、余熱の大切に至るまで、徹底的に教えてくださり、上手に出来れば実に嬉しそうな顔をしてくださった。

写真は、ジョエル・ロビュションさんの人参のフォンダント・クミン風味だ。扱いがいかにも計算し尽くされており、それでいて方法はシンプル、味は効果的。

人によりクミン風味を気にする方がおいでかもしれない。その時は分量を減らしてほしい。

仕上がりは、人参独特の、子どもの嫌う香りがオレンジで和らげられ、クミンの助けで、小粋な立ち上がりになっている。実に新鮮な人参のみの温製料理だ。

ロビュションさんは、その食材事典の中で、従来の人参グラッセを「妙なる料理」として愛でつつ、このフォンダントを発表している。最近のフランスは、オランデーズもベシャメルも、ほとんど使わぬそうだ。バターを減らす配慮だろう。

フォンダントには、この配慮が活きている。私が何と素晴らしい処理方法だと感服したのは、薄切り人参にあらゆる調味料を加え、オリーブ油を手指で充分に混ぜ合わせてしまうことだ。薄切り人参だから、くっつき合って、油を加えただけでは、全体、残すところなく油の影響を与えぬのだ。改良改善は本質に即した「気付き」であると痛感した。

ロビュションさんの人参フォンダント

●材料（作りやすい分量）
新人参　800g
オリーブ油　大匙2
オレンジ果汁　3個分
ブーケガルニ　適量
にんにくみじん切り　1かけ分
無塩バター　5g
グラニュー糖　小匙1
クミン　10g
塩　適量

ロビュションさんのレシピはグラニュー糖だが、赤ざらめを使ってもよい。

●作り方
① 人参は皮をむき、薄い輪切り。
② ①を鍋底の広い鍋に入れ、塩、にんにく、グラニュー糖、クミン、オリーブ油を加え、よく混ぜる。
③ ②に水を人参の高さの半量のみ入れる。ブーケガルニを加え、無塩バターをぬったワックスペーパーにところどころ切り込みを入れ、上を覆う。
④ ③を一度煮立て、中火に落とし、八分通り炊く。
⑤ 紙蓋とブーケガルニを取り除き、オレンジ果汁を加え、煮汁が蒸発するまで、弱火で煮る。円を描くように揺すり、オリーブ油とグラニュー糖が照りを帯びて、人参にからむように仕事をすすめる。

新人参

理性的に家事の合理化をはかり、自分をなだめ、養うのが展開の心。

写真は、人参を純和風に、一見何の変哲もなく炊いたもの。一方の千切り人参も、これまた代わり映えのない人参の千切り常備菜だ。この当たり前のものの解説目的は、料理における「展開」という考え方とその実際の提案となる。

昔から「くりまわし」すなわち残り物の使いまわしという心がけ、知恵があった。展開は、現れ方として、外見は類似するが、出発点に差異がある。

くりまわしは、ある種の偶然を伴う場合が多いが、「展開」は、台所仕事の合理化を願って、くりまわしを先取りし、自分のまわりに余裕を作り出す方法である。

現今の多くの人々が、家事から解放されることを願うのは、この積んだり崩したりと感じられるゆえに、人間の尊厳をつかさどる自我の部分と相克するからではないか。

家事は、ハウスキーピングでなく、ライフキーピングであることを、どれほど理解していても心中穏やかでない。なれば、理性的に合理化をはたし、自分をなだめ、養う方法に至らねばならない。

私は四十年この方、おいおい展開方式がふえ、夕食五品、一人で三十分ほどで並べている。スープと他に、二、三種なら、十五分もかからぬと思う。ただし週一回集中的に基礎料理をするのである。

基礎の第一は、何がなんでも、昆布と鰹節。昆布・椎茸。煮干しによる三種の出汁だ。これを一部冷蔵、他は冷凍。二杯酢、三杯酢も出汁で割り、常備。

これで汁もの、鍋もの、煮もの、お粥、麺類、浸しもの。酢のものも右から左へ作れる。

次は、和・洋の和え衣。ごま和えのもと、練り味噌、イタリア系のソース。

三番目が、写真のような仕事。人参の千切りは、切ったもの(人参の大2本)に酒大匙二杯をふりかけ/平鍋で炒りつけ/やゃしんなりしてきたら白梅酢をふりかけ、歯あたりを残して火を止め/バットにあけて熱気をとり、清潔な瓶に清潔な箸で詰める。

人参は福岡県の黒田の五寸人参が最高、次席は千葉県が美味。

　そのままでも素直においしく、人参だけを黒胡麻で胡麻和えにしたら最高の健康食。サラダや浸しものに添える。汁ものの彩りにする。大根おろしに添える。サンドウィッチにもしのばせる。まず驚くべき重宝。人参のカロチンが足らないなあ、食べねばと焦らずにすむ。人参は傷みやすいが、酒と梅酢で安定する。

　輪切り人参は、昆布出汁、みりん、梅干し、薄口醤油で直炊きしたもの。本来正月のお煮〆の彩りに炊いたものながら、これも千切り人参に準じて、卵料理・豆腐料理にまで使える。

　私はこうして自我と平和につき合い、原稿を書く術を考案した。家事は本来、愛と平和を象徴する幸せな営みだ。私共は、どこまで、これを創り出せるだろうか。

人参の梅干し煮

傷みやすい人参に
梅干しを加えるということも
日々の暮らしのわきまえごと。

人参の酒炒り

新人参の出回る季節には存分に味わいたい。
酒炒りは、和・洋どちらにも
応用できる常備菜だ。

ニラ

緑の濃い、みずみずしいものを選ぶ。量は好みで加減する。

いのちの活力に直結。滋養強壮の代表で疲れをとる。

長患いというものは、病気そのものの治癒とは別に、いのちそのものの活力の回復に、知恵と努力を要するものである。本人はもとより、周囲の理解で五分と五分。昔々の「本復《ほんぷく》」おめでとうを思い出す。「ニラとレバーを炒め合わせてほしい」「お安いことだ」と母は直ちに作ってくれた。食べれば、背中の深い痛みが楽になり、元気も感じる。医師に報告すると、「貴女は、自分に必要な食べものをよくわかる人だ」とほめられた(以前にも、似た例があった)。

葱仲間の持つアリシンは、ビタミンB_1の持続性を促し、強壮効果につながるとか。にんにく・ニラ・日本葱各種・らっきょう・のびる・玉葱各種。すべて免疫力を向上してくれる。そのうち、もっとも世話いらずで、身近で育てられるのが「ニラ」。庭の隅に、植え替えもせず、肩寄せ合って育てると、葉は細く、香りも劣化するが、それも一つの狙い。薬味として、さらす必要もなく、サラダ／麺類／豆腐などに使う。ニラのお浸し／ニラ粥にも捨てがたい。

ニラレバー炒め

材料(作りやすい分量)

ニラ　1〜2束
鶏レバー　200〜300g
つけ汁
[にんにく薄切り、生姜薄切り、酒、みりん、醤油　各適量]
オリーブ油　適量
にんにく　少々
塩　適量
胡椒　少々
醤油　少々

作り方

① レバーは余分な脂などをきれいに掃除して、つけ汁につける(最低2時間)。ニラは水につけて洗い、3、4cm長さに切り、根元と葉の部分を分けておく。
② レバーがつかったらペーパーで水気をよく取る。
③ 鍋にオリーブ油とにんにく薄切りを入れて熱し、レバーを六分《ろくぶ》ほど焼き、返して四分《しぶ》焼きつけ、完全に火を通しておく。余分な油を捨て、塩・胡椒で味をととのえ、器にとっておく。
④ 鍋にオリーブ油を足し、ニラの根元だけを炒め、塩少々で味をつける。残りのニラ、③のレバーを加えて炒め、醤油を入れ、味をととのえる。

根元の部分と、葉の部分とを分けておく。料理はすべて段取り。

余分な脂などを丁寧に掃除するのが肝心。その後、つけ汁に。

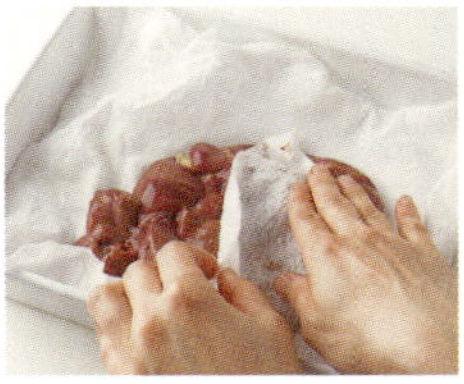

レバーを焼く前には、ペーパーで水気をよく取ること。

ニラのお浸し

お浸しは葉の部分のみ用いる。茹でて水にさらし、絞ってから醤油、みりんで味をつけ、おろし生姜で供す。

夏

いんげん

いんげん

生りたてから、豆をはらむまで、野菜豆をおいしく食べるために。

茶杓《ちゃしゃく》ほどの細さ、生《な》り下がりのとれとれを油断せずに塩茹でし、極上のオリーブ油をひとすじ。これぞ、本物の贅沢！

野菜豆の中でも、いんげんは、たっぷり長い期間、私たちを楽しませてくれる。極細いものは、お浸しや青みに。中くらいは、胡麻和え、つくだ煮、茄子との炊き合わせ、洋風ではミネストラ、バターソテー……。豆をはらんでぼったりしたいんげんは、丸のまま一本揚げに。

中でも、簡潔かつ上品、正餐《せいさん》にも通用するのが、このサラダだ。酢を用いず、オリーブ油と塩（どちらも極上を）で和えただけ。こざっぱり作り、冷やして供す。歯ざわりよし、味のからみよし、献立との相性もよい。特筆すべきは、人の手がいかに有効かを証明するかの如き、縦半分に割る方法。このように切る人が少ないのが残念だが、ぜひ人差し指を支えに、親指の付け根を利用して、山ほどのいんげんで試してほしい。手は自然に覚えてくれる。

「知っている」からと手を出さない人になってはならない。誰が「知っている」から楽器を弾けると思うのか。

いんげんのサラダ

◎材料（作りやすい分量）

いんげん　200g
玉葱　80g
塩　少々
オリーブ油　適量
茹でる塩　適量

◎作り方

① いんげんはすじを取り、ごく細いものはそのままで、中くらいのものは、ペティナイフで縦二つに割る（すじに沿ってナイフを入れるのではなく、すじのない中心にナイフをすべらせるように切る）。

② 熱湯に塩を加え（塩分20％くらい）、いんげんをザルごと入れて茹でる。

③ いんげんを盆ザルにとり、打ち水をして、氷水でさらに打ち水をする。

④ 玉葱を、ごくごく小さなみじん切りにし、水にさらし、布巾で水気を絞る。

⑤ いんげんと玉葱を混ぜ合わせ、塩、オリーブ油で和える。

◎ 酢を用いないのは、いんげんの色が悪くなるため。

◎ 玉葱の分量は、もちろん好みで調整していいのだが、多すぎては玉葱が勝ち、少なすぎるとまったく面白くない。作り手のセンスが問われる。

すじのない中心にペティナイフをすべらせるようにして切っていく。人差し指、親指を上手に使う。

ザルごと茹でる。1本食べてみて茹だったら、盆ザルにとり、まずは驚かさないよう打ち水をする。

次に、氷水で打ち水をする。これは、あざやかな緑の色をとめるため。これで仕上がりが違ってくる。

「いくら食べてもいいのよ」。

家庭の食卓には、
そんなふうにすすめられる惣菜があってほしい。

これは、そんなレシピのひとつ。

器は、岩田藤七作。

飽きずに食べられる何気ないものが、明日への生きる力に。

スペインに長期滞在したときのことだ。その家の八十代の主婦は料理上手で、毎回、家族に何気ない野菜を、皿からあふれるほど食べさせていたものだ。まずは前菜に、山ほどの生野菜をオリーブ油とワインビネガーで。次に温野菜を、やはり山ほど。これを食べないと主菜に移らない。肉で生きてきた人々の、これが食べ方だった。

いま皆さまは、昔よりずっと肉料理を召し上がっているだろうが、民族が生きてきた道筋にある食べ方、本当の食べ方をぜひ取り入れてほしい。でなければ、真の西洋料理を知ったことにはならない。

さて、ここに紹介する二つのレシピは、どちらも極めてシンプルで、飽きずに食べられ、しかも、とても洒落ている。冷えた白ワインを飲み飲み、かりっと焼いたフランスパンをかじり、それにチーズでも添えれば、立派なランチにもなる。

家族と、親しい友人と囲む食卓に、いくら食べてもよい、たっぷりの野菜の皿。実は、こうした何気ないものこそ、明日への力となることに、気づいておられるだろうか。

熱湯に塩を加え、いんげんをザルに入れたまま茹でると、あげやすい。

流水で打ち水をして冷ます。切る場合は、先に切ってから茹でること。

じゃが芋はフォークでつぶして、いんげんにからめて食べる。仲介者として実に優秀。

いんげんのミネストラ

◎材料(作りやすい分量)

いんげん　600g
にんにく　2かけ
玉葱　(小)1個
トマト　2~3個
ブーケガルニ　1束
チキンブイヨン　カップ½
オリーブ油　カップ¼
塩　少々
茹でる塩　適量

◎作り方

① いんげんはすじを取り、塩を加えた熱湯にザルごと入れて固めに茹でる。流水で打ち水をして冷ます。
② トマトを湯むきして皮を取り、横半分に切って種を取ってから、ざく切りにする。
③ 玉葱、にんにくはみじん切り。
④ 鍋にオリーブ油を入れ、玉葱、にんにくを入れて火にかける。鍋蓋をして、弱火で10分ほど蒸らし炒めする。
⑤ トマト、ブーケガルニ、ブイヨンを加え、さらに弱火で30分ほど煮込む。
⑥ ⑤の鍋に、①のいんげんを加え、塩で味をととのえ、水分がなくなるまで煮る。

いんげんとじゃが芋の炊き合わせ

◎材料(作りやすい分量)

いんげん　400g
じゃが芋　4個
玉葱　(小)1個
にんにく　1かけ
オリーブ油　大匙2
じゃが芋の茹で汁(またはブイヨン)　適量
塩　適量

◎作り方

① じゃが芋は皮をむき、卵大ならそのまま、より大きいものは二つ割り。隠し塩をして茹でるか、圧力鍋で蒸す。
② いんげんはすじを取り、固めに茹で、3~4cmに切る。
③ にんにくと玉葱はみじん切りにし、オリーブ油を入れた鍋に入れ、弱火で5、6分炒める。
④ いんげんを加え、軽く炒めたら、じゃが芋の茹で汁(またはブイヨン)をひたひたにさし、塩を加える。
⑤ いんげんがやわらかくなったら、じゃが芋を加え、塩加減をして、5、6分なじませる。

◎ いんげんの代わりに、小松菜でも。残れば翌朝のオムレツの具にもなる。

味にも滋養にもこくを添えて。酷暑に力となる「和」の野菜扱いを。

二十代、三十代の食生活から、お浸し、野菜の煮炊きものが抜け落ち、野菜料理は〝サラダ〟と思っている方が多い。

「和」の野菜扱いは、途方もない歳月という力の中で、風土をしのぐかたちにおさまっているといって過言ではない。とくに酷暑の夏は、高ミネラル、カロリー控えめを心がけると身体が軽く、働きやすい。

和の調理構成を分析してみると、その条件が楽しく見えてくる(出汁の力)。その好例の一つ。揚げ生麩・茶筅《ちゃせん》茄子・いんげんの炊き合わせ。麩のたんぱく質を油で直《じか》揚げすることにより、味にも滋養にもこくを添える。茶筅茄子は油通しで、アクをおさめて炊く。いんげんは青味扱い以上に、お菜の役を果たすよう、たっぷり添える。

以上、三種、多めに炊きおき、二度の役に立つ。――麩は、炊き汁に追い味し、やや煮詰め、このつゆでからめ煮すれば弁当に。茄子は、筒切りし、切り口を見せて小鉢に盛り、錦糸卵を添える。いんげんは、黒胡麻で胡麻よごし――。出汁、梅干しなど自在に使えればこそ。

いんげんの煮物

● 材料(作りやすい分量)

いんげん　100〜300g
一番出汁　適量
塩　適量
酒　適量
薄口醤油　適量
梅干し　1個

● 作り方

① いんげんのすじを取り、器の寸法に合わせて切る。塩を加えた熱湯でさっと茹で、打ち水をして冷ます。

② 温めた出汁を、鍋中のいんげんがひたひたになるくらい注いで火にかけ、梅干し、酒、薄口醤油で味をつける。

③ 八分通りやわらかくなったら火を止め、余熱で仕上げる。

● 梅干しを加えるのは、足の早いいんげんの傷みを防ぐためと、さっぱり炊くため。

いんげんの長さは、盛りつける器に合わせて決める。

静かな風景。
不思議と気持ちが落ち着く料理だ。
揚げた生麩で豊かさを感じられる。

茶筅茄子

●材料（作りやすい分量）

茄子　6個
一番出汁　適量
酒　適量
薄口醤油　適量
揚げ油　適量

●作り方

① 茄子はへたを残してがくを取り、茶筅のように皮に切り込みを入れ、油通しし、食べやすい大きさに筒切りする。鍋に並べ入れる。

② 温めた出汁を、鍋中の茄子がひたひたになるくらい注いで火にかけ、酒、薄口醤油で味をつける。

③ 八分通りやわらかくなったら火を止め、余熱で仕上げる。

● 茶筅にするのは味をしみ込ませるため。茶筅づくりの「秘中の秘」は、鉛筆削りのカッターを用いると容易。目盛りを一定に固定し、なりつきから先端へ刃を引く。わが目を疑うほど美しく。私のこの方法を見た辻留の板前は「他言スルナ」と言った。

揚げ生麩の煮物

●材料（作りやすい分量）

生麩　2本
一番出汁　適量
塩　少々
酒　適量
みりん　適量
薄口醤油　適量
揚げ油（なたね油）　適量

●作り方

① 生麩は食べやすい大きさに切り、180℃くらいに熱した揚げ油で揚げる。

② 出汁に調味し、生麩を静かに炊き、2時間くらい含ませる。

蓼《たで》

ちょっとのご飯を加えて擂る。と、絶妙な味と食べ心地が。

涼風の通う昔々の茶の間。順次、運ばれる魚の塩焼き（かます・鯵・いさき・鮎など）。熱々を待っていて蓼酢《たです》で受けて食べる。父が「うちの蓼酢は、擂るときにご飯をちょっと入れて擂るから、それがいいところだ」と、珍しく自慢げに言う。このような所帯じみたこととは全く無縁なはずなのに……と、子ども心に不思議に思った。年を重ね、名だたる料亭で鮎を食べる印象だが、少々酢がツンとする、その割に、蓼酢が魚にからまない。

父が言っていたのは、このことかと思う。つまり、米のでんぷん質で蓼の辛味、酢の酸味がやわらぐ。次なる効果は、この類まれなる薬味酢が魚にほどほどにからむ、からまり加減である。あるかないかのとろみで、蓼の風味・辛味が魚味を包むのである。音楽のピアニッシモを気にするほどの態度が食事にもほしい。

ところで、蓼の辛味は、ポリゴジアールという成分で、川魚のもつ寄生虫による害を防ぐ殺菌作用ももっているとか。日本の薬味類は、すべてこうした役目。私は川魚のみでなく、先に記した夏魚の焼き物には好んで蓼を用いる。品種としては柳蓼、紅蓼、青蓼、細葉蓼があるが、いずれも育てやすい。

蓼酢

●材料（作りやすい分量）

柳蓼　40〜50枚くらい
炊いたご飯　大匙1
酢　大匙5〜6
塩　少々

●作り方

① 蓼をよく洗い、布巾で水気をとり、ご飯とともに擂り鉢で擂る。
② 酢を少しずつ加えながら、さらに擂り、塩で味をととのえる。必ず、味をみながら酢や塩の加減をすること。

庭でとれたばかりの蓼。香りも高く、辛味も強い。

ご飯の量は、少なすぎても多すぎてもいけない。

酢を少しずつ加えて擂る。くれぐれもよい酢を使ってほしい。

辰巳さんの自庭に毎年生える蓼。
しゅっと長い葉が特徴。
1人、たっぷり
14、15枚くらい擂ってもよい。

梅仕事

年毎の「梅仕事」は母の代から。まだ小ぶりだが、これは白加賀といって、大ぶりの実となる。

たゆまず、うまず続ける梅仕事。健やかなれと願う心に重ねて。

梅の実り加減に身も心も歩調を合わせ、段取りいそいそ万全の仕事を進める。これを「梅仕事」と呼ぶ。これは梅肉エキスで始まり、梅ジュース、梅酒、煮梅、梅干し、梅ジャム、梅ふきん、ゆかり、紅生姜の順で終わる。

私の食生活と梅のかかわりを少々申し上げてみよう。

六月が近づくと自然に梅干しを入れてご飯を炊く。なぜなら力の落ちかかった米の味に底力を添え、ご飯の傷みをおしとどめるから。

熱飯のお結びは、梅酢を手水替わりに用いるのが一番防腐の理にかない、仕事上も手早い方法だから、好んで、赤も白も使っている。これは、災害の救援活動にとり入れてほしい。軍手をずんぶり梅酢で絞り、これで結べば中毒防止、仕事の能力、一石二鳥とはこういうことを言う。

梅干しの種子は私の手放せない調味料兼防腐剤である。

新野菜の季節は、常時、野菜のコンソメを炊き出す(玉葱、人参、セロリ、じゃが芋、ブーケガルニ)。これに日本の素材、昆布、少々の椎茸と共に梅干しの種子をしのばせる。ともすればおとなしすぎてしまう若い野菜の味をひきしめ、言うに言われぬ爽やかさを添える。塩だけで導き出せぬ味わいと思う。あらゆる種類の出汁を冷蔵する場合、防腐の目的でこれをカップ五に対し、二個見当、投じておく。

梅と蜂蜜、または黒砂糖を用いてジュースの素、シロップを作る。梅も蜂蜜も抗菌力を持っている。この相乗作用を割って飲むことになる。美味薬効この上なく百点満点である。

蜂蜜は高価だから、カルシウムを含む黒砂糖を用いるのもよい。全日本の子どもが、カルシウムを失うジュースからはなれますように。

作りたい方のために一言。大消毒した広口瓶に、梅一キロに対し、蜂蜜一・四キロ用いて漬ける。黒砂糖の場合もこれに準ずる。梅の分量は瓶の六分目見当にとどめる。理由は、酵素が猛烈に吹いてくるからである。瓶は低温・清潔な場所に置き、三カ月以降からジュースとして用いる。

梅肉エキスは世界にまたとない予防薬である。各家庭に常備を常識にしたいし、国連活動で世界の役に立てるべきである。

以上、簡略な、実例を通じて、梅というものの性格を推測し、それぞれの例に共通しているのは、梅の抗菌力と、味に備わる爽やかさであることに気付かれたと思う。皆さまは、梅はどの国の梅も同じ本質を持っていると思い込んでおられるだろうが、それが大いに異なっているのである。そもそも、梅は中国から伝来した。親元はどんな用い方をしているかというと、茶菓中心である。もし中国の梅も抗菌力を持っておれば、利用せぬはずはない。

日本と中国の梅の成分の差を学説として読んだこともある。梅は日本の風土の力で独自の梅に進化したのである。

これからは、国際社会の中で、日本本来の個性を生きなければ完全にないがしろにされる。いたって身近な梅のようなものの真価を掌中にして生きることから始めてはいかがだろうか。

左の瓶が梅干し。梅の上に赤梅酢で漬けた紅生姜。紫蘇にて蓋をし、共に保存する。
梅干しを漬ける過程でできる赤梅酢はコップに分けたのでおわかりだろうか、市販品にはない真紅。
その右が梅の蜂蜜漬けシロップ。大きな瓶が梅酒、梅シロップ。
特筆すべきは手前小瓶の梅肉エキス。
暑さ負け、疲労、食あたり、下痢に1日ひと嘗め。

玉葱のヴルーテ①

ビロードのように、なめらかに。淡白な魚肉の旨みを補う知恵。

「ヴルーテ」、「デュクセル」という西欧料理用語は初めてという方が多いと思う。比喩をあげて、その性格の説明を試みたい。

日本料理の分野に「練り味噌」「和え衣」という呼称をかねた調理用語がある。練り味噌には田楽味噌、胡麻味噌、胡桃味噌、葱味噌、鉄火味噌。郷土料理を加えれば十指に余るはず。「衣」も胡麻、豆腐を用い、世界に冠たる案出をしている。

ヴルーテもデュクセルも練り味噌も和え衣も、底流においてはうれしいほど同意同格、そして同価だ。

すなわち東西両者とも素材の原質の「補足」を意図し、勘考を尽くしている。東は熟成調味料を保持する者の有利。西は玉葱と油をもつ者の有利が表現されている。これでヴルーテとデュクセルの大意はおつかめになったでしょ。

「ヴルーテ」とは本来ビロードの意。なめらかに、艶やかに。ですからベシャメル系のものに対して用いられるのだが、ここでは玉葱でこれを果たす。デュクセルは、デュクセルという貴族の発案によるもの（114ページで解説）。

手近な香味野菜を刻み、炒め、酒でデグラッセし、淡味な魚肉の旨みを補う賢い方策といえよう。

くせのない玉葱を。
できれば新玉葱の季節に余分に作り、
小分けし、冷蔵・冷凍しておく。
スープ、ソース、煮込み料理に。
火の元に立つ時間を短縮できる。

こちらは、薄切りにした玉葱をよく炒めたもの。
飴色になるまでお守りをするのは大変な作業だが、
一度は試す価値がある。
ガラス瓶で保存できる。
カレーやオニオングラタンスープに。

玉葱のヴルーテ②

◉材料（1回に作る最少量）
玉葱　400g
セロリ　200g
オリーブ油　大匙3
白ぶどう酒　カップ½
チキンブイヨン　カップ2¼
ローリエ　2枚

◉作り方
① 玉葱、セロリをみじん切りにして鍋に入れ、ローリエを入れ、オリーブ油を注いで蒸らし炒めする。
② ①がべったりしてきたら白ぶどう酒をさし、ブイヨンを加え、味噌状になるまで煮詰める。この段階で、冷凍保存ができる。
③ さらに木べらでかき混ぜながら水分をとばし、ねっとりした状態で、瓶などで保存可能。用途によって、使い分けるとよい。
◉ とくに新玉葱が美味。セロリがなければ玉葱だけで作ってもよく、また半量を日本葱、ポワロなどにしても上等な味わいになる。

玉葱は半割り、切った面をまな板にのせ、頭のほうから薄切り。

さらにみじん切りに。

みじん切りにした玉葱とセロリ。玉葱だけで作ってもよい。ローリエは欠かさない。

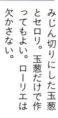

平鍋に材料とローリエを入れ、オリーブ油を注いでから火をつけ、弱火で蒸らし炒め。

白ぶどう酒、チキンブイヨンを加え、さらに煮込む。ときどき木べらで返しながら様子をみる。

煮込んで、べったりと味噌状になったら出来上がり。さらに飴色になるまで炒めてもよい。

鍋肌の旨みをソースに。

飴色に炒めた後の鍋に赤ぶどう酒を注ぎ、鍋肌を回してソースを作っておくとよい。

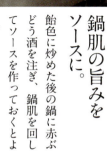

玉葱

すっぺりした蒸し上がりを前菜で。展開自在な素材としても重宝。

玉葱を紹介する眼目は二つ。

一つは、梅雨の季節ゆえ。高温多湿の日本の夏は、想像以上に人を消耗させる。心がけて、入梅前から季節を迎え撃つように食べてゆきたいが、その力となるのが玉葱。精がつくのは、ピラミッドをつくるときに食べさせたといわれるほど。

もう一つは、素材の味、栄養が凝縮される調理法である「蒸す」仕事を、今一度評価してほしいからだ。やわらかく火を入れた野菜が数種、食卓にあれば、どれほど気持ちや体を落ち着かせることができるか。

オリーブ油でそのクセをおさめた玉葱の、すっぺりとした蒸し上がりは、そのままで前菜に。肉料理やムニエルの付け合わせ。スープや味噌汁の具にもなれば、トマトソースと煮込んでも美味である。

蒸し野菜を自在に扱えるようになれば、毎日一時間半の人手をうるに等しい余裕を手になしうると思う。

男も女も、子どもでさえ我にかえる「時」を持たねばならない。それは、空転しないためである。時間を贖《あがな》う。自分を救うのは自分でもある。

玉葱に限らず、野菜を蒸すときに肝心なのは塩の影響。塩をふるか、塩水につけるかして下処理すること。

シンプルすぎるほどシンプルな蒸し野菜は、その味が際立つゆえに素材を吟味する必要がある。

玉葱のオリーブ油蒸し

●材料(作りやすい分量)
玉葱　3〜4個
塩　適量
オリーブ油　適量

●作り方
① 横に二つ割りした玉葱の、切り口に塩をふり、オリーブ油をぬる。
② 耐熱皿などに、切り口を上にして並べ、蒸し器で蒸す。
③ 透明感が出たら、蒸し上がり。

●じゃが芋、人参、さつま芋などは、むいて強めの塩水につけてから蒸す。一度に、多めに蒸しておくと、サラダや味噌汁の具などに展開できる。

●私は、愛知県産の玉葱を用いることが多いが、それは刺激をともなうクセが少ないゆえ。購入したい場合(6月〜8月)は、農事組合法人「光輪(こうりん)」事務所まで(☎0569・64・6078)。

夏

じゃが芋

じゃが芋

葉ものが少なくなる盛夏に
青々と育つ、スペイン種のふだん草。
欠いては食べ、
欠いては食べして、ここまで育った。

芋をつぶし、菜とからめて食す。老いも若きも共に生きるために。

読者の方々は、芋と菜を炊き合わせた写真をご覧になり、何でもなさすぎるとお感じのことと思う。

そう、ほんとにシンプルな一品である。けれど最近の日本の食卓に欠落しかかっている、何かがこの中にあり、それが食卓に帰り、家々の平和、あたたかさを創り出すよすがになるようにと、とり上げた。

日本の野菜の煮物は、やさしいようでもほっとする味を導き出すためには年季がかかる。これは、にんにくの風味、エキストラバージンオイルの力、じゃが芋の包容力で高校生なら充分作れる。

まず、煮物の性格を解説する。

これは、スペインの家庭料理で、主菜が肉になりがちな人々が、生きてゆきやすいバランスを保つために、自然に食べ、受け継がれている食方法の一つで、主菜の前にかならず食べる。サラダをつつきながら、ぶどう酒を飲み始めていると、煮野菜の大鉢が、お母さんのにおいに通ずる湯気の香りと共に食卓に置かれる。一人に大きなじゃが芋一個、これに見合う青菜を添えると、皿から溢れる分量となる。芋をフォークの背でつぶし、青菜をからめて食べるのだ。

つぶれる、からむ、の有様を描いてみてほしい。そして野菜のやわらかさと結びつけてみてほしい。首にナフキンを巻いた幼い者も、手の震える年寄りも、病弱者も。一つ食卓で同じものを食べる。こうした野菜の煮物がすまなければ、肉や魚を食べない。さながら肉は野菜類で取り囲んで食べてゆくように見える。

共働きの女性も昼食の用意に飛んで帰り、青菜の大束と取り組む。

近年の日本の食卓の傾向は、煮物が減り、炒め物がふえた。理由は和風の煮炊きは出汁を必要とするのと、時間の合理化のつもりのようだ。

しかし、煮物の仕事を上手に分析し、利点を説く努力がされていない。煮物が一番包丁の手がはぶけ、炊くのは、火まかせ。一度煮たものはくりまわしもきき、仕事としては合理的。食べ方

も展開がきく。
子育て、介護の食卓に煮物は不可欠。煮物の先には、各種のポタージュが待ちかまえている。どうぞこの高校生版の煮物を自在にすることから、手をつけてほしい。自在とは、芋には、いんげん、十六ささげ、ほうれん草の軸、小松菜などを組み、一年中食べてゆかれるからだ。
作り方の注意は、芋はメイクイーン系が煮崩れしにくい。粒をそろえて、丸ごとでも切ってもよく、ひたひたの水、塩少々を加え、竹串がすっと通るように茹でる。菜は、四人家族で一束半は使いたい。さっと茹で、アク抜きし、にんにく風味油を用意し、菜と芋を、芋の茹で汁適宜、塩少々で炊き合わせる。ここではふだん草(不断草――盛夏をしのぐ葉菜。夏枯れせず、病虫害も受けず、葉は欠いて用いる)を使っている。芋が菜の土臭さをやわらげ、かすかなにんにく風味も心憎い。

じゃが芋とふだん草のスペイン風煮込み

パン、芋、豆……スペインでは「主食」が決まっていない。一度に食べるじゃが芋の多さといったらない。どんな野菜と合わせても、その癖をやわらげる、まるで母親のような役目をしてくれるので、余分に炊いて冷凍保存しておけば、一部を味噌汁の具にするなど合理的にくりまわせる。

ニースの光と風でできたサラダ。これさえあれば、何もいらない。

「サラダニソワーズ」――ニース風サラダ――南仏の陽光・海風と重なる、心誘うサラダだ。「これさえあれば、夏中何もいらない」と言った亡き親友の言葉さえ思い出す。

このニソワーズですが、正面切って解説するとなると、手前勝手というわけにゆかない。調べてみると、いずれも多少の差異がある。不安解消のため、ホテルメトロポリタン エドモントの中村勝宏統括名誉総料理長におたずねしてみました。中村料理長は、当代きっての大勉強家、確実な方だから。

ご自分がニースのカフェテリアで召し上がるものの話をしてくださったと同時に、フランス料理の古典から現代に至る本、四種類を調べてくださった。この五種から浮上してくるものは風土的なものの扱いとその食べ方だ。大根の炊き方に土地柄と家々の風があるように。だから、とらわれず、しかし、どこが焦点であるか、それを把握して楽々と夏の集いなどを盛り上げてほしい。

◎『ラ・ルース』(辞典)

「材料」――茹でじゃが芋(小口切り)、いんげん(二センチほど)、種子を取ったトマト、アンチョビー、ケイパー、オリーブの実(黒と緑)、セルフィーユ。

「盛り方」――じゃが芋、いんげん、トマトは下味をつける。芋は円錐形に中央に盛る。この周囲に、いんげん、トマト、オリーブの実を小分けして置き、アンチョビー、ケイパー、セルフィーユを散らす。

◎『マダム・サンタージュ』

料理研究家の材料も扱いもラ・ルースとほとんど同じ。ただ、じゃが芋の盛り方はラ・ルースほど高くないよう。いずれもビネグレットソースを添える。

◎『エスコフィエ』(代表的解説書)

じゃが芋は薄切り。

◎オリビエ氏のレシピ(現代の人)

米、豆のサラダでもニソワーズと呼称している。

◎ニースのカフェテリアにあるもの

レタスたっぷり、ツナ缶、茹で卵。これにじゃが芋、いんげん、トマト、オリーブの実、ケイパー、ピーマン、玉葱の輪切りが丼風の器に山と盛られ、同じくビネグレットソースで供されるようだ。

サラダニソワーズ

◎材料

レタス　たっぷり
ツナ缶
茹で卵
アンチョビー
じゃが芋
いんげん
トマト
オリーブの実
ケイパー
ピーマン各種
玉葱
ビネグレットソース

ビネグレットソースは、ご存じのとおり、酢と油に塩、胡椒のシンプルなもの。ここではエクストラバージンオリーブ油と玄米酒酢を使った。最後の最後に味の決め手となるのは、アンチョビー。

◎作り方

① じゃが芋は皮をむき、塩水につけ、蒸す。熱のある間に切り、塩と酢を軽くふりかける。
② いんげんは太くなれば縦に二つ割り。比較的しっかり味の塩水で茹で、ザルにあげ、冷水をかけ、4、5cmに切る。下味は茹で湯を頼り、酢をふると、色が悪くならない。
③ トマトは、横二つに切ると、種を取り出しやすい。これを乱切り。供す直前に塩のみ軽くふる。
④ 卵は縦切りでもよい。アンチョビーは縦に細く切る。
⑤ ピーマンは茹でて皮をむき、縦に切る。玉葱は薄切り。レタスはちぎる。
⑥ ツナ缶は粗くほぐし、レモン汁をふる(私の気持ちとしては、ツナだけ玉葱風味マヨネーズで和えたい。手作りのまり節を利用するとなおよい)。ダイナミックに盛り、熱々のクロック・ムッシュやマダムと共に。ああ、生ビールがおいしい!

夏

ゴーヤ

ゴーヤ

若いゴーヤから育ったものまでを、夏中、使いこなす。

チャンプルーの意味は「混ぜ合わせる、炒めもの、簡単な食事」と文献にある。インドネシアでも「混ぜる」意味で、チャンプルーが使われるとか。沖縄料理では、野菜を主役に、豆腐・豚肉・鰹節・桜海老・ツナ・卵などを炒め合わせたものを指す。野菜は、もやし・ニラ・キャベツ・からし菜の塩漬けを用いる。

栄養バランスがよく、失敗のない家庭料理である。最近の若い家庭では、野菜料理、すなわちサラダと考えている方が多い(五百例の食生活調査による)。食べたいものの中に、火を入れた野菜もない。チャンプルーは、こうした傾向の方も、とりつきやすいと思う。ゴーヤは入手できずとも、キャベツ、もやしで自在のはず。ゴーヤの精進揚げは、若いゴーヤを一センチ幅の輪切り、衣に卵は入れず、揚げる。

ゴーヤチャンプルー

●材料(作りやすい分量)

ゴーヤ　(中)1本
木綿豆腐　2/3丁
オリーブ油　適量
塩　少々
鰹節　適量
酒　適量
薄口醤油　適量

●作り方

① 豆腐を布巾で包み、まな板にはさむなどして水気をきっておく(まな板を少し傾けると水がきれやすい)。
② ゴーヤは縦二つ割りにして、ワタをスプーンでこそげ落とし、薄切りに。冷たい鍋にオリーブ油を入れ、ゴーヤを入れてから火をつけ、塩をふり込み七分通り炒める。
③ 豆腐を手で崩しながら入れ、さらに炒める。
④ 鰹節を加えて炒め、酒を入れ、醤油で味をととのえる。

このチャンプルーはシンプル。
若い人がいる家庭では肉を加えたい。
若いゴーヤは、種ごと揚げる。
奥はゴーヤの精進揚げ。

ゴーヤは、中の白いワタが苦い。スプーンを使うと容易にできる。

重石をした木綿豆腐は、水をきりすぎると旨みも減る。適度に。

夏
トマト

トマト

生トマトでも、缶詰でも、瓶詰めでも、スペイン風は極めてシンプルな作りである。

単純でいながら奥が深い。日々の食卓に展開する万能ソース。

南欧の家庭婦人が、味噌汁同様、作れぬ人のいないトマトソース。

イタリアでは、サルサ・ポモドーロ、スペインではサルサ・トマテと呼んでいる。

土地柄の差で、材料が少々異なる。イタリアでは油分をバターとオリーブ油の半割り。香草はバジリコ。スペインの油分は、オリーブ油のみ、香草はローリエだ。

それがソースの利用法となると、大いに異なってくる。イタリアは主としてパスタの類に、実にいきいきと展開する。このソースだけで和えたスパゲッティやニョッキが、レッジャーノのパルメザンチーズの力とバジリコの香りでイタリアの懐のあたたかさを感じさせるし、スペインの卵との巧まざる組み合わせは、その意外性がイベリアの弾みそのもの。

隣国でありながら、ソースの使い方一つ、厳とした一線がある。

私たちは、スパゲッティもピザもホットドッグも、あって当たり前の大好き感覚のみで受け入れてはいないだろうか(これも一種の島国根性)。

見る限りのことではあるが、これらを食べる人口と、ソースをものにしている方とのバランスを疑っている。

もしここでお教えするように作り、夏休みめがけ、冷凍保存なさるなら、ビヤパーティの賑わいはむろん、子どもの袋菓子の回数も減るはずである。

あちらのおばさんが楽々作るものを、私たちに作れぬはずはない。

ここでは、老幼病弱を配慮し、オリーブ油のみを用いるスペイン風を書く。

サルサ・トマテ

●材料（作りやすい分量）

トマト　800g～1kg（生なら完熟）
（水煮缶でもよいが、イタリアの瓶詰めで極上品がある）
玉葱　150g
にんにく　1かけ
オリーブ油　カップ$\frac{1}{4}$
ローリエ　1枚
塩　小匙$1\frac{1}{2}$
砂糖　少々

日本の玉葱、にんにくは刺激が強すぎる。共に布で包み、流水で揉みながらさらす。

最後にぎりぎりっと絞る。こうしてさらすことで、ソースが抵抗のない味とする。

●作り方

① 生トマトなら皮をむき、横一文字に切れば種子は容易にとれる。これをざく切りにする。缶詰のトマトなら手でつぶす。

② 玉葱、にんにくはみじん切り。玉葱の刺激臭が強ければ、にんにくと共に布に包み、さらすと上々。

③ ②をきつく絞り、オリーブ油、ローリエを入れたソース鍋で充分蒸らし炒めする。蒸らし炒めは和風・中華にない料理手法で、鍋蓋を用い、火は10の火を2に弱め、材料の水分を頼り、ものの旨みを引き出す方法で、これが欧風料理の基本のキ。これができないと、すべてのソースは味にならない。10分ほどかけて、玉葱の旨みを出してほしい。水分が不足してきたら、大匙2杯ほどの水を落としてもよい。

④ ③の鍋にトマトを加え、塩、少々の砂糖を投じ、鍋蓋を少々ずらし、20分ほど煮る。

● 南欧ソースの中でもっとも母親的要素を持つもの。気後れせず、作ってほしい。

半熟卵のとろっ、パンのぴろぴろ。つつましくも賑やかな土鍋料理。

サルサ・トマテの紹介で、おいしいソースを試されただろうか。

ここでは、それを有効に展開する解説をしたい。第一歩は、なんと言っても卵料理。中でも「アンヘレスおばさんの卵」は基本のキ。

小学生でも作れ、こんな効果的な食べ方に気づかなかったことを悔やむほどのものだ。唯一の心得は、浅型のコキール皿(帆立貝の殻でも)に一人分ずつ作るのが美味。理由は半熟状態を食べるものだからだ。

まず器にバターをぬり、サルサ・トマテのソースを大匙山盛り二杯ほど敷き、卵を割り込む。するとソースはほとんどかくれ、卵をふちどる程度になる。その上に少々の塩をふり、ちぎりバターを二、三カ所に置く。これをオーブンで焼くだけ。

これを必ず敷き皿の上に取り上げ、スプーンで食す。

スペインでは副菜扱いながら、大ぶりの焼き皿で、一人卵二個は常識。

日本人なら日曜のブランチ、塾通いの子どもに、チーズ・トーストでも添えるなど、最適だ。

以上のシンプルを何気なくこなせるようになったら次の段階に進もう。

名前も、卵のフラメンカなどと呼んだりする。つまり、賑やかにするのである。

よいソーセージ、ハム、残しておいたハンバーグ、野菜や豆の類を彩りよく散らし、大きめのカスエラ(土鍋)で焼き、取り分ける。

写真の一品は、いまだ紹介されたことのない、この上なくつつましい「アボリータ(おばあちゃん)の卵」。

昔々パンは愛惜すべきものだった。パンを無駄にしない——日本でもご飯を無駄にすると、目がつぶれると言った——つまり同じ心の表れ、その名残がアボリータの卵。

カスエラにサルサ・トマテを入れ、パンを割り入れる。パンの分量は、一人当たり、皮をのぞいたバゲット二枚くらい。私は、サルサをスープで割り、塩味をととのえつつ、丁度すき焼きの

中の麩の面倒を見るようなつもりで、炊く。パンの麩質が強ければ、ぴろんぴろんの口ざわりを楽しめる。

卵はぴろぴろの間をあけ、そこへ落とす。その他の具は、あってもよく、なくてもよく、卵の上へ仕上がりにバターを置いてもよく、置かなくてもよく。自由自在。ただ言うに言われぬ、心あたたまる一皿ゆえ、その表現を大切にしてほしい。

他に、肉類の煮込み、魚介の煮込み、賢い扱いとして、鱈をピーマンと共に炊いたもの。貝、いか、海老の類、身崩れせぬ磯魚を一つカスエラで炊く、サルスエラ・マリスコスがある。

皆さまご存じのパエリアも、米の底味にサルサ・トマテを用いる。異文化を単に好くのみでなく、その向こうのからくりをも、ものにしよう。

アボリータの卵

スペインでは
「こんなに?!」と怪訝に思うほど、
くたくたに煮込んでいたことを思い出す。
きっとパンの出来が違うはずだ。
かなりしっかり焼いた
フランスパンを使ったほうがよい。
あるいは新潟の押麩でも使ってみたらどうだろうか。

夏

ピクルス

ピクルス

甘い、このピクルスがあってこそ引き立つ緑色《ヴェルデ》のソース。

家々に伝わる「食べもの、食べ方」は、家々が生き継いだ風土の特長と、時代の苦楽を反映しているように思う。そしてその表現は、選択の是非によらず、置かれた条件を生きた人の甲斐性、勘考力そのものと言って過言ではない。

このピクルスは、昭和21年夏に誕生してから現今に至るまで、習い覚えた方々の生活に欠かせないものとして定着している。トマトジュースのない夏の暮らし、看護は語れないし、ピクルスのないサンドウィッチ、ハンバーガー、パーティはバランスが悪い。

このたびの大震災より手のつけられぬこの国の状態の中で、労苦を楽しむかのようにふと作り出したこれらが、欠乏至極の中から生まれたことを、よくよく心に留めてほしい（震災の比ではない、敗戦だもの）。

サルサ・ヴェルデは、私のイタリア人の師匠、アントニオ・カルーソのもの。この方の特長は、人ひとりの食べうる分量を的確に計り、サラダの葉一枚、きれいになくなるよう料理されたこと。足りるかなと案じても、いつも足りたことだ。大ホテルの総料理長だった。

サルサ・ヴェルデも、よく計算が立っており、フランス系でないところが好き。我がピクルスの真価の出番だ。

即席ピクルス

●材料（作りやすい分量）

きゅうり　7本
玉葱（中）1個
塩　小匙2
合わせ酢
　酢　カップ1½
　砂糖　カップ⅔
　白ワイン　カップ½
　粒胡椒　10粒
　クローブ　2〜3粒
　ローリエ　2枚
　キャラウェイ　小匙1

●作り方

① 合わせ酢の材料を弱火で炊き合わせ、冷ます。

② きゅうりは2㎝の輪切り、玉葱は1㎜厚さの半月切りにしてボウルに入れ、塩をふって混ぜ、軽い重石をして1時間ほどおく。間に2回ほどボウルを天地返しし、まんべんなく塩を行き渡らせる。

③ きゅうりが透明、玉葱がくたっとしたら、清潔な布で水分を絞る。

④ ③に①の合わせ酢をかけ、磁器の皿で落とし蓋をする。2時間ほどたったら食べられるが、冷蔵して半日おけば、よりおいしい。

サルサ・ヴェルデ

●材料（作りやすい分量）

即席ピクルス　カップ½
ケイパー　大匙1
にんにく　1かけ
イタリアンパセリ　2本
玉葱　20g
オリーブ油・酢・ウスターソース
　各カップ⅓
塩　小匙⅔
胡椒　少々
レモン汁　少々
タバスコまたはかんずり　適量

●作り方

① ピクルス、ケイパー、にんにく、パセリ、玉葱はみじん切り。

② オリーブ油、酢、ウスターソース、塩、胡椒、レモン汁、タバスコを①とよく混ぜる。

サルサ・ヴェルデの材料。細かく刻むことが仕事のほとんど。調味料もよいものを。

ハーブ

ハーブの組み合わせは好みで。新鮮なうちに刻んで作りたい。

欧州の家庭料理の工夫か。西洋料理の仕上げに風味を添える。

「使いきれなかったハーブ類は、刻んでバターに練り込み、ロール型にまとめ、順次切ってゆくと、都合のよいものです」

教えてくださったのは、名料理人であった胸組泰夫《むなぐみやすお》さん。たしかに家庭でハーブを用いる場合、一束求めて、使いきることはまずない。残ったものは、日を追って香りを失う。

ハーブの新鮮さをバターで包み込み、冷蔵するなり、冷凍するなり、随時カットして用いるのは、古くて新しい方法と思う。

油脂を用いる、当座の保存法では、肉類の食べ残りを、ラードのツボに突っ込むのを見たことがある。オリーブ油を用い、魚介、茸類を安定させる方法は、南欧のお得意わざ。

日本の食文化に、油脂を用いたものは皆無。その代わり、味噌・酒粕を用いたものは多くある。

胸組さんは、女系代々の料理人で、各国大使館の台所で成長された。それゆえの保存法かもしれない。それにつけても、あの天文学的料理記述は、どこにどうなっているか、もったいない至極。

ハーブバター

材料(作りやすい分量)

バター　240g(1本120g)
パセリ・タイム・バジル・
　イタリアンパセリ　各適宜
レモン　適量

作り方

① バターは、しばらく室温におき、練りやすくしてから用いる。

② ハーブ類を細かく刻む。ここでは、パセリとタイム、バジルとイタリアンパセリの組み合わせにしたが、好みでよい。

③ ①のバターに②のハーブとレモン汁を加え、練り混ぜる。

④ 巻き簾の上にパラフィン紙などを広げ、へらでハーブバターを四角く伸ばし広げる。それを巻き、両端をひねって冷蔵、あるいは冷凍保存する。

家庭的に、ハーブの量はたっぷりと用いたい。

よく練り合わせたら、パラフィン紙に平らに伸ばす。

巻き簾で、端から巻いていく。両端はねじってとめる。

適宜切って、パスタの上にポンとのせればコクが出る。肉のソテーや魚のムニエルの熱々にのせるのもよい。

夏

枝豆

枝豆

ベシャメルでつなぎ、たっぷりの枝豆で嵩を増す。肉を食べる知恵。

ローストポークに枝豆のお伴は、最適と考えてのことではない。日本の代表的な豆、その若莢《さや》を使ってみようと思っただけ。枝豆は、一粒一粒を皮からはじき、薄いベシャメルで軽くとじてある。豆同士が逃げぬため。

豚肉には脂のない肉の面に丁子《ちょうじ》をさす。塩・胡椒は焼く寸前に使う。焼き上がってから、もう一度、塩・胡椒する。ローストポークに添えるソースは、肉の焼き汁を素にしたソースと、アップルソースをも添えると喜ばれるが、枝豆の場合、アップルソースは合わない。

この一皿は、初秋の食し方であることを申し添える。なぜなら、夏期は、豚肉を食すと、体温が上昇し、暑さがしのぎにくくなる。スペインの常識で、彼の地では生ハムでしか豚は食さない。

野菜でなく肉の話になるが、ローストポークの扱いで、脂と肉の間を開いて袋にし、風味づけしたパン粉を詰め、袋をとじ、焼く方法がある。豚の背肉を見た目にも、食しても、嵩《かさ》増しする方法だが、味としても楽しい。

（恩師・加藤正之先生による）ローストビーフにヨークシャープディングを添えるイギリス風も、同格の発想。とすれば、枝豆も合格？

枝豆とローストポーク

●材料（作りやすい分量）
枝豆（莢付き）　適量
塩　適量
ベシャメルソース（14ページ参照）　適量
チキンブイヨン　適量
ローストポーク（今回は、市販のものを用いた。問い合わせ先は右）
ピクルス類　適宜

●作り方
① 枝豆を塩でこすり洗いし、たっぷりの湯に塩を入れ茹でる。
② ザルに取り、粗熱がとれたら、豆を莢から出し、薄皮を取り去る。
③ チキンブイヨンを温め、ベシャメルを投じてしばしおき、ゆるめてのばす。ここに②の枝豆を投じて和える。
④ 皿に枝豆を敷きつめ、スライスしたローストポークを盛り、ソース、ピクルスを添えて供す。

豆がばらばらになるようでは食べにくい。ベシャメルをつなぎにする手法は粒状のものに応用できる。

茄子

茄子は、色が濃く、艶があり、触れて持ち重りのするものを選びたい。

爽やかなトマトの酸味との相性よし。ほっとできる一品。

茄子に無駄花なしと言われる薬効を想像してほしい。盛夏から仲秋、とくに秋口に力を盛り返す茄子は市場にある限り享受すべき。ナスニンのがん抑制作用、ポリフェノールの抗酸化作用なども期待できるが、何より相性のよい油でアクをおさめることで、食欲を助けてくれる。

紹介するのは、デュクセル。

デュクセルについては、114ページで解説したが、いわば素材をペースト状にしたもの。ここでは、茄子の味わいを生かし、シンプルな前菜に仕上げたが、類似のものとして、茄子のスプレッドがある。丸揚げした茄子の果肉をこそげ、刻み、にんにく、オリーブ油、バルサミコ、パプリカチャツネを混ぜたもの。刻んだ茄子、ピーマン、紫蘇を共に炒め、八丁味噌で焼きつけた焼き味噌も、和風のデュクセルとして忘れてはならない。夏の盛りに茄子の味噌汁などうっとうしいが、この焼き味噌は、暑さ負けした体に活を入れてくれる。

茄子のデュクセル

● 材料(作りやすい分量)

茄子　5～6個
にんにく　1かけ
塩　適量
胡椒　適量
オリーブ油　適量
オレガノの粉　適量

● 作り方

① 茄子はへたを切り落とし、ペティナイフで5、6カ所切り込みを入れる。にんにくをペン先状に切り、茄子の切り込みに挿す。
② 茄子全体に塩、胡椒を手のひらですり込む。
③ 茄子にオリーブ油をまぶし、鉄製のフライパンに並べ、中火のオーブンで20分ほど焼く。
④ 粗熱をとり、茄子の皮をむき、粗みじんに切る。
⑤ オレガノの粉、(味をみて必要なら)

ペティナイフで、長さ2cm、幅2mmほどの切り込み(溝)を入れる。5、6カ所。

茄子の切り込み部分それぞれに、ペン先型に切ったにんにくを挿し込んでいく。

見た目も美しい前菜は、夏の暑さを忘れさせてくれる。冷やして供したい。

塩を加えておく。この状態で、冷蔵保存しておく。

●ここではオレガノを加えたが、バジルか紫蘇を刻み込んでも美味。

デュクセルを用いた前菜

●材料（作りやすい分量）

トマト　（中）2個
塩　適量
茄子のデュクセル　適量
バジルまたは紫蘇　適宜

●作り方

① トマトは湯むきし、横に半割りにして種を取り去り、粗みじんにしておく（種を取る際、種は網目の細かいザルにとり、したたる汁もあとで合わせる）。

② ①のトマトを裏漉しし、汁も合わせて冷蔵庫で冷やしておく。

③ ②のうわ水を捨てて、塩で味をととのえトマトクーリを作る。

④ ③を皿に敷き、茄子のデュクセルを型に詰めて中央に盛りつける。バジルか紫蘇の葉を飾る。

● このトマトクーリは、上質のトマトジュースを煮詰め、塩で味をととのえて代用できる。

まんべんなく茄子に塩、胡椒をすり込んでおく。下味をつけることと、アクをおさめる目的。

さらに、茄子にオリーブ油をかけまわし、なじませる。油で茄子のアクがおさまる。

フライパンごとオーブンで焼き、出したら粗熱をとってから、果肉を刻む。

旨みがぎゅっと詰まった夏の味。一気にまとめ揚げを。

茄子のしぎ焼き――茄子を皮つき丸なりに火を通し、茄子の旨みに焦げ味のめりはりを添え、おろし生姜と生醤油で食す。捨て難さの代表格だが、これを七、八人分作りおくのは、意外に悩ましい。油断してかかると、さながら伏兵にゆき合ったようなことになる。

まず万遍なく焼き目をつける。次はこの皮を熱いうちにむく。皮むきはなぜかあせる。熱いうちにむかないと、むきにくくなるから。

それかこれか、母は、伝来の夏の味から脱出したのではないかと思う。私は十歳頃から「丸揚げ」を食べていたから。茄子の精進揚げは当たり前的。皮なりの丸揚げを食べていた家庭はあったかしら。「茄子の皮は油を吸わない」、この気づきが丸揚げにつながったと思う。その上、天ぷらの如く衣を使わぬから、油も疲れない。

余分に揚げおき、展開する。味噌汁の具／なまり節と炊き合わせる／シシリア風のマリネードなど。アクが解消してあるから、万事によい。

茄子の丸揚げ

●材料(作ってほしい分量)

茄子　(中)7～10個
揚げ油(なたね油)　適量
生姜　適量
生醤油　適量

●作り方

① 茄子を布巾でぬぐいながら洗い、ガクの周囲にぐるりと切り目を入れ、とげの部分を取り除く。
② 乾いた布巾で水気をしっかりふき取り、竹串で5、6カ所、穴を開ける。
③ 180℃の油に、茄子をすべり込ませるように入れてゆく。全部入れたら、蓋をきせかけ、蒸し揚げにする。
④ 蓋を楯にして、はぜる油を防ぎながら天地返しをする。3分目安で揚がる(穴から、ぷすーっと湯気が出てくるタイミング)ので、取り出し、余熱で火を通す。
⑤ 器に盛り、おろし生姜、生醤油を添えて供す。

茄子は皮のハリがあり、ガクがしっかりした新鮮なものを選ぶ。中くらいの大きさが扱いよい。

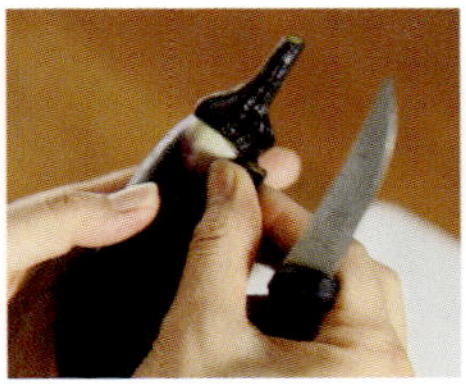

ペティナイフでガクの周囲に切り目を入れ、とがった部分を取り除き、乾いた布巾でふき上げる。

近頃の茄子は皮が厚くなっており、数カ所、竹串で穴を開けておくと、はぜることがない。

茄子を投じる際、ヘリからすべり込ませること！天地返しの際も、蓋を楯に、油はねを防ぐ。

一気にまとめて揚げるが、くれぐれも火傷をしないよう気をつけてお試しください。

煮茄子に匹敵する、イタリア家庭料理。バルサミコ酢で。

「これはシシリアの茄子料理でね、焼き肉とよく合うんだよ」

イタリア料理の師匠、アントニオ・カルーソは、あの頃、よくわが家の台所を楽しみ場にしていた。

「茄子は縦にナイフを入れる／ふり塩をしてアクを抜く／しばらくおけばアクが噴く／さっと水洗い／布にはさみ水気をきりっとぬぐう／オリーブ油は強く熱して／こんな風に焦げ目をつけて焼く／焼き目も味のうちなのさ」

カルーソは焼き上がりに、にんにくの粗切り、塩、酢、最後に薄荷《ミント》の粗みじんをふり、具材にはさわらず、容器をゆすって調味料を茄子になじませた。

目にしたことのないシシリア、想像の及ばぬシシリアの茄子の質も異なるはずであるが、あの日から三十余年、年毎にシシリア風は卓上に並ぶ。酢は、バルサミコ・ビアンコを用いると格上がりし、「煮茄子」の味を知らぬ人が目を丸くする。私は、丸い目の向こうに、異文化浸透の過程をうら寂しく観察してしまう。

茄子のシシリア風

材料（作りやすい分量）

茄子　6〜8個
塩　適量
オリーブ油　適量
にんにく　1かけ
バルサミコ・ビアンコ
（あるいは、ワインビネガー）　適量
薄荷の葉　適宜

作り方

① 茄子は縦四つ割り、あるいは六つ割り。切り口に塩をふり、アクを噴出させる。
② 灰色のアクが出たら、茄子をさっと水洗いし、布巾などで丁寧にふき上げる。
③ 鍋を熱し、オリーブ油を入れ、茄子を焼きつけてゆく。
④ 色よく焦げ目がついたら、焼き上がった順に茄子をバットに並べ、その上から塩、縦に大きめにスライスしたにんにく、バルサミコの順にふりかけ、バット

茄子はハリとツヤのあるものを。皮が固い場合は、らせん状に皮をむくようにする。

塩をふっておくと、アクで塩が灰色になる。面倒なようだが、このひと手間が美味につながる。

をゆするようにしてなじませる。

⑤ 薄荷の粗みじん切りを加えて、さっと混ぜ、器に盛りつける。

82ページで紹介した「茄子の丸揚げ」を縦に切り、シシリア風に味つけしても合理的。ただし、焦げ目の旨みはあきらめる。

茄子を水でさっと洗う。決して、洗いすぎないこと。手で絞ったりしないこと。

水気はしっかりぬぐっておく。水気が残っていると、おいしく仕上がらない。

焼き目をしっかりつける。塩を当ててある茄子は、油を吸いすぎないのが不思議だ。

焼き目がついたらバットに上げ、余熱で火を通す。調味したらゆするようにしてなじませる。

百年の時の中で洗練された賢さ。秋口に、夏の疲れを癒すため。

ここでは夏の疲れを癒すため、不老長寿の食べ物と言われる胡麻を用いた。

①茄子の泥亀漬け、②きゅうりの胡麻酢和え、③黒胡麻ご飯を組合せた。①と②は百年以上の年月の中で洗練された賢さが詰まっている。賢さの向こうにある、ものの見方、ものことに向かう態度をも含め、一を十に敷衍してくださるよう願ってやまない。

初めに、胡麻料理をする場合の心得を。

第一は、練り胡麻も含め、ぜひ国産の胡麻を求めてほしい(輸入品の消毒の影響が不明)。

第二は扱い。洗い胡麻と明記してあっても、自分で洗い、干し、炒る。できる方は一度でもなさいませ。胡麻塩一つ、ありがたい確かさだ。

〈洗い方〉最低カップ一の胡麻、裏漉し器に投じ、蛇口下で流し洗う。充分水をふり切り、布にとりぬぐう。布を敷いた盆ざるに広げ、天地返ししつつ干す。

〈炒り方〉厚手平鍋で弱火で二十分はかかる。味見しつつ、限界を定める。熱気がおさまってから擂り始める。

茄子の泥亀漬け

◉材料(5人分)

茄子　8個

胡麻だれ(和え衣はとり分け、次回に食す)

黒胡麻　カップ½

日本酒　大匙4

醤油　大匙4

赤ざらめ　大匙2～3

おろした新生姜　大匙1

◉作り方

① 胡麻だれを作る。胡麻は七分擂りの状態。練り胡麻ならそのまま。擂り鉢の中で調味し充分擂り合わせる(半量はとり分ける、次回分)。

② 茄子はらせん状に皮をむく。理由は皮つきではアクが強すぎ、丸むきは実割れしやすい。リボン状に残した皮はベルトの役を果たす。これに分量外の散塩をし、5分ほどおく。噴き出たアクを洗い流し、布できりりとふく。

③ 1個を4つまたは6つに切る。オリーブ油(分量外)で高温で焼き目をつけ、七分通りに火が通ったら、たれに移す。2時間程度おく。茄子は余熱でやわらかくなる。仕上げに生姜の絞り汁を落として静かに混ぜる。

◉ この料理は、村井弦斎の流れにあるもの。本来、半割り茄子を用い、たれにくるまり、じっとり静まる姿から名づけられた。

◉ もろみがあれば、大匙1加えても面白い。

一緒に食すのは、きゅうりの胡麻酢和え、黒胡麻ご飯を。

国産の、質のよい胡麻を食してほしい。練り胡麻も同様。

彼の地の知恵と日本の美味が融合。夏から秋口の、極上の常備菜。

「グレッグ」とはギリシア風という意味。茄子のギリシア風、飽きない「常備菜」である。

地中海沿岸の、茄子もきゅうりも気の毒なくらい大味であるという、にもかかわらず料理界では、この茄子料理は、ギリシア風として、敬意を表されている。その理由は、土地柄の食材(ぶどう酒、オリーブ油)を最大に有効化し、食材(茄子)の持ち味の不足を補い、さらにその保存性のゆえに、夏場に火の前に立つ労苦を軽減なしうる便宜性を備えているゆえかと思う。私自身、日本の美味なる茄子、とくに、秋口の種子の少なくなった茄子のグレッグに、サルサ・ヴェルデ(75ページ)を添えるのは気に入っている。このソースを登場させると、結構な前菜として通用する。マヨネーズを牛乳でゆるめたものも悪くない。

料理過程としては、用具にほうろう角バットを用いることを切にすすめる。余熱で茄子が仕上がるのを待ったら、粗熱をとり、そのまま冷蔵。出し入れするのみで、手をかけたものが食せる。

夏から秋にかけては、肝機能も低下するという。茄子はコリンを含有し、肝機能を順調にする。「生食、焼く、炒める、煮る、揚げる、漬ける」。土地柄の茄子に感謝。願わくは、日本茄子のグレッグをギリシアに紹介したい。

茄子のギリシア風（グレッグ）

●材料（5人分）
茄子　5〜6個
セロリ（茎のみ）　1本
いんげん　10〜12本
漬け込み液
　固形スープの素　1個
　水　カップ4
　塩　適量
　白ぶどう酒　カップ1⅓
ブーケガルニ（セロリ、人参、ローリエ、パセリの茎）　1束
オリーブ油　適量
パセリ　適宜
レモン　適宜
●固形スープの素は、ドイツのラプンツェルの野菜ブイヨンを使用。

●作り方
① 茄子は皮をむき、セロリは食べやすい長さに切り、いんげんはすじを取る。
② ①は7％の塩水に漬けて一晩おく。
③ ほうろうのバットに漬け込み液とブーケガルニ、オリーブ油を入れ、②を入れて紙蓋をして煮始める。
④ 火が通ったら火を止め、余熱で仕上げ、バットのまま冷ます。パセリとレモンを添えて供す。

茄子以外にも、季節によって、蕪、人参、きゅうり、カリフラワー、芽キャベツなど、何を用いてもおいしい。

野菜を塩水に漬けるのは、底味のため。ラップをし、浮かないよう、皿を置く。

ほうろうの角バットなら、そのまま炊き、そのまま冷まし、冷蔵保存もできる。

独自の成分で、酷暑に耐える力を与えてくれる。

「からだの四季と食べものの四季は、車の両輪」と、私は繰り返し言ってきた。

しかし、この事実は、どこまで皆さまの胸に届き、日常生活に役立っているか。おそらく、言っても言っても、届いていないような気がしている。

さて、気を取り直して――

茄子のコリン、瓜のペクチン、ピーマン、しし唐のカルシウム、これらは独自の成分で、酷暑に耐える力を与えてくれるという。この中の茄子と茗荷《みょうが》を取り合わせる。

茄子と茗荷は不思議な結びつけ方と思う。茄子の芳香性の乏しいところを、茗荷の香り、そして歯ざわりを添えての食べ心地を工夫したのであろうか。煮茄子はいろいろだが、茄子に油分を添え、芳香と歯ざわりでキリッと食べさせる。手間いらずで高校生でもできる。茄子というあの形を乱切りにする――易しいようで難しい――角度を思案させるのも、よい勉強だ。第一に、親ができるようになっていなくてはね。乱切り――母は全部、均一の目方に切れた。

茗荷は〝もの忘れ〟とは無関係。むしろ延髄《えんずい》に刺激を与え、頭がすっきりする物質を備えているとか。

茄子と茗荷の炒め煮

●材料（作りやすい分量）

茄子　6個
茗荷　10個
生姜　1かけ
塩　適量
オリーブ油　適量
酒　カップ1/4
みりん　カップ1/8（酒の半量）
砂糖　小匙1
醤油　カップ1/5

●作り方

① 生姜はみじん切り。茗荷は縦半分に切る。茄子は乱切りにして塩を当て、アクを抜く（10分ほど）。
② 茄子のアクを水で流し、布巾に包み、握るように水気を絞る。
③ 鍋にオリーブ油をひき、生姜を入れ、火をつける。茄子を加えて炒め、さらに茗荷を加えて蓋をし、蒸らし炒めする。
④ 四分通り炒めたら、酒、みりん、砂糖を加えて炒め、火が通ったら醤油で味をととのえる。

茄子はつやっとした、へたにトゲがあるような新鮮なものを。

塩をふり、茄子のアクを抜くのは、イタリアの方法。

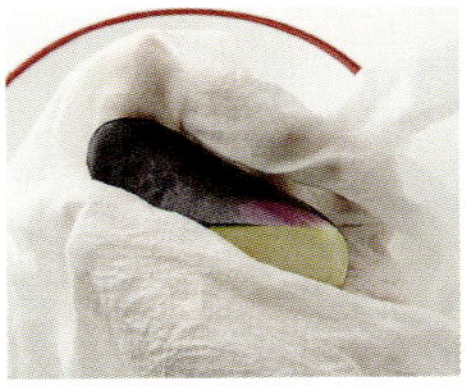

洗った茄子は、水気をふくのではなく、布巾で絞るように。

7月に入ったら、
夏中せっせと茄子を食べてほしい。
茄子と大麦のスープもよいもの。

腎気を養う小豆とともに。湿度の高い日本の夏をしのぐため。

食べ方も料理のうち、賢さが問われると、たびたび提唱してきた。

湿度の高い日本の夏をしのぐとして、かつて生野菜の摂り方を記したことがある。

ここでは、多くのメディアでも取り上げられ始めた盛夏の野菜カレーの食方法を解説したい。

「茄子カレーの献立例」

①茄子カレー

②小豆のスパイシーライス

以上にライタ（インド風ヨーグルトソース）、チャツネを添えて食す。

③各種夏野菜のピクルス

④飲み物、ハイビスカスティー

――副菜・食後はご自由――

「献立解説」

①不思議な旨みを持つ茄子を主体にいんげんやオクラを添えた。夏はじゃが芋、人参は暑苦しいので避けている。

②このご飯がここでの眼目。夏向きとは思えぬ小豆飯で、なぜカレーを食べるのか。

湿度の高い日本の夏は、腎機能が低下しやすい。小豆は古来、腎気を養うと言われ、妊娠中毒に小豆をすすめるほど。

茹で小豆やいとこ煮、月毎の一日・十五日の小豆ご飯は、相応の体験的裏付けがあったのである。しかし赤飯は好きだが、赤のご飯は苦手の方が多い。原因は、小豆のアク気と口ざわり感だろう。それをいなす方法をさぐった。小豆とレンズ豆の質が類似していることに着目（レンズ豆は、旧約聖書・創世記に現れてくるほど、人類を支えた豆）。それで少量のオリーブ油でアク気（サポニンを含む有効成分）をおさめ、もっさり感をスパイスで面白みに変えた。

③ライタは、二カップのヨーグルトに千切りきゅうり二分の一カップ、セロリ二分の一カップ、

ディルのような香草と塩少々を加えた涼やかなソース。
チャツネは刻んで使う。
④ハイビスカスは南の花である、その小酸っぱさに耐暑効果はありはせぬかとの思い。
「作り方」は常識の範囲ゆえ、「材料」のみ紹介する。

茄子カレー

●材料(6~8人分)

にんにく (大)1かけ
生姜 にんにくと同量
ローリエ 2枚
玉葱 正味1kg
セロリ 200g
キャベツ 200g
茄子 1人当たり150g
時に応じていんげん(十六ささげ、千石豆)、オクラ、少量のピーマンなど
オリーブ油 カップ¼~⅓
塩 小匙1½
醤油 大匙2
カレー粉(甘口小匙2、辛口大匙4)
ガラムマサラ 好み
ケチャップ 大匙2
炒り粉 大匙3
チキンブイヨン カップ4~5

小豆スパイシーライス

●材料(6~8人分)

米 カップ3
チキンブイヨン 米の量の1.5割増
玉葱みじん切り カップ⅓
茹でた小豆またはささげ カップ¾
オリーブ油 大匙3
塩 小匙1½
ローリエ 1枚
カルダモン 8粒
棒ニッキ 半本
クローブ 4粒(人参の小片に刺す)

●作り方

どちらも材料が基本的底味。上手に炒めること。

茄子カレーの茄子は輪切り、散塩で7分ほど放置し、水洗い、布で水分を押さえ、炒めてゆく。ご飯はピラフの要領で。

性根のすわった味わい。茄子の平凡に香気を添えて。

子どもの感受性は、純粋で大人に勝って鋭敏なものだ。

夏になると私ら姉弟は、声を揃え「おみおつけはいらなーい」と母を困らせた。茄子・かぼちゃ・芋の類・豆腐・わかめ――手を替え品が替わっても、蝉の声と味噌汁はそぐわぬのだ。

末弟がこっそりと、かぼちゃの汁をエプロンのポケットに流し込むに至り、母は大人の決まりごとを引っ込めてくれた。

そして、時をおかず「さ、これで、味噌汁代わり」「ご飯にのせ、海苔で巻いて食べてごらん」とかぐわしい一品を差し出した。

それが紹介の茄子の焼き味噌で、新生姜、青紫蘇たっぷり、ピーマン、茄子を油で炒め、岡崎の本八丁味噌を加え、焼きつけたもの。

今にして思えば、ひとくせある、子どもの持て余すような味噌を使いこなした母の才覚。それを「おいしい！」と目を丸くし、箸を進めた子どもらの味覚、共に興味深い。

湿度の高い日本の夏。夏野菜の中辛味噌仕立て。子どもが吸える、冷めた汁の温度（大人は自分の子ども時代をきれいに忘れる）。温度に左右される野菜の汁は、しまりに乏しく、味噌臭く、「おみおつけはいらない」は当然だった。盛夏に適する味噌は本八丁味噌。しかし、性根のすわったこの味噌は、独特の渋味に通ずるものがあり、それは子どもには不得手なはずだった。油で焼きつければ苦味は解消し、それが濃密な食べ心地に変わる。三十歳に満たぬ人がよく咄嗟に方法に至ったと思う。しかも、茄子の平凡に、生姜とたっぷりの青紫蘇を加え、香気を添えたことは、ひらめきそのものと思う。

ひらめきは思いつきではない。知恵と経験による試行錯誤の集積から溢れるものであり、また、必ず幸せの源となる。

思いつきは、はた迷惑あるのみ。

この焼き味噌は、暮らしの中で父の酒肴には少々の唐辛子を、弁当には切り胡麻、鰹節の芯などが入った。
以来、八十年、季節が巡りくると、油で炒める生姜が香り、続いてピーマン、一息おいて、茄子。やや間をおいて青紫蘇、味噌を焼く香り。ああ、今日も作っているなとわかる。伝えて喜ばぬ方はない。

解説を読み、簡単そうと小馬鹿にせず、寸法通り野菜を切り、順に炒めてみてほしい。味噌は、愛知・岡崎のカクキューさんのものを求めれば、きっと成功なさるはず。大人にとって子どもが朝の汁を喜ぶか否かより、学業成績の方が気になることと思うが、子どもにとっては、汁の味は生命にかかわること。食べられるものを作ってもらえることは、親子の絆の大切なようすがなのである。

親を信頼することで、人の子は信頼に足る人間になってゆく。

ようすがを「縁」と書くのはすごいと思う。

茄子の焼き味噌

●材料と作り方（作りやすい分量）

① 肝心なのは切り方。親指ほどの生姜をみじん切り。ピーマン2個もみじんに。種子も入れてしまう。大きめの茄子1個は5㎜角のみじん切り。舌にコロンとした茄子を感じさせてはおいしくない。青紫蘇15枚もみじん切り。分量のバランスはご覧のとおり。味噌の分量は、野菜の1/5程度。

② オリーブ油で生姜を炒め、香りを出す。次にピーマンを炒め、しんなりしたら茄子を加え、最後に青紫蘇。おっくうがらずに順序よく。べったりしたら鍋周りに寄せ、中央に味噌を置き、まず焼きつける。それを野菜と炒め合わせ、仕上げる。

味噌は日本の調味料でいちばん面白い。ここでは、愛知県岡崎産の有機八丁味噌を使用している。

夏

きゅうり

きゅうり

大きくなりすぎたきゅうりは、竹串などで穴をあけておくと味がよくしみ込む。

洋風に仕立てたきゅうりのまろやかさ。未知の味わいを、この夏の食卓に。

きゅうりを煮る——私どもの、大きくなりすぎたお化けきゅうりの葛引《くずひ》きは、おおまかな一椀だが、いつも夏の代謝を助けてくれる。

このイタリアの扱いは、おそらく地中海風だろう。きゅうりの「アグロ・ドルチェ」という。甘酸っぱいという意味だそうだが、しかし材料に甘味は用いていない。白ぶどう酒と水を半割り用いて煮るので、大変さっぱり仕上がる。私の常食は、和風だが、醤油離れしたものも心地よく感じる。

召し上がり方は、朝食のサラダ代わり、酒肴、あらゆる副菜として重宝する。若い層は、野菜料理といえばサラダと思い込んでおられる方が増え、お浸しさえ食べていない。火を通した野菜、しかも常備できるものを身につけておくと、生きてゆきやすい。夏休みに、高校生のお子さんに、このくらいのものは手伝わせがてら、作り方を教えてあげてほしい。

食べ方も教えねばなりませんよ。男女を問わずのこと。あまりにも生活から遊離した若者を見聞きするので、国の将来さえ案じている。

アグロ・ドルチェ風 きゅうり

●材料（作りやすい分量）

きゅうり　8本
玉葱　1個
にんにく　1かけ
ローリエ　1枚
塩　適量
漬け汁
［白ぶどう酒カップ1　オリーブ油大匙2　水カップ⅔　塩小匙½　胡椒少々］

●作り方

① きゅうりは両端を切り落とし、縞目がつくように縦に皮をむき、2分の1長さに切る。7％の塩水に漬け、ラップをして浮かないように皿をのせて一晩漬けておく。

② 玉葱は薄切り、にんにくは縦に薄切りにする。

③ ほうろうのバットに、漬け汁の材料を入れ、にんにく、ローリエを加えた中に、きゅうり、玉葱を入れる。紙蓋をして火にかけ、15分ほど煮る。

バットで煮て、そのまま冷まし、冷蔵できる。合理性は、時間の創出のために欠かせない工夫だ。

にんにくは縦に薄切り、玉葱も薄切り。厚さをそろえると、味も見た目も上等になる。

煮サラダ ①

山ほどの野菜を温かく。さぁ、たくさん召し上がれ。

「うあー、懐かしい、ブィイ！」

日本でこれを食べられるなんて！　何年ぶりだろう！　フランス系カナダ人、ブドロー神父さんは歓声を上げてくださった。献立は、ブィイ、生ハム、チーズ、少々のぶどう酒。

「これね、家では、日曜日ごとに母が作っていました。ミサに行く前に、鍋をオーブンに入れて、帰ってきたらできている。揃って昼食を食べました」

日本の母は、みるみる目をうるませ、「世界の母親の考えることは同じなのでございますね」と、しばし感に堪えなかった。わが家の事の始まりは、お祈りではなく、夏休みの勉強の監督。校長先生の母が席を立つと、弟たちは蝉の声に呼ばれて消えてしまうから、火にかけておける工夫が必要だった。

　水を使わず野菜の水分で、美味を引き出す母、三十二、三十三歳ごろの知恵。避暑先の七輪の火で作ったのですよ。

オーブンを用いれば容易。
鍋ごと180℃で蒸し煮にする。
次の食事に展開できるよう、
野菜を少しずつ残しておくと賢い。
● 作り方100ページ

煮サラダ②

先にベーコンを焼き、取り出した後に手羽元を焼きつけ、中まで火を通す。

火の通りにくい玉葱から焼いてゆく。蓋をして、時おり返しながら。

混ざらないよう、焼きつける場所にオリーブ油を足しつつ、野菜を加える。

●材料（6〜8人分）

鶏手羽元　8本
ベーコン　4枚
オリーブ油　カップ1/3（徐々に使う）
にんにく　5かけ
塩　適量
ローリエ　2枚
白ぶどう酒　適量
玉葱　（小）6個
人参　2本
じゃが芋　（小）6個
きゅうり　2本
茄子　4個
ピーマン　5個
いんげん　10本
キャベツ　10枚
セロリ　2本
トマト　4個
かぼちゃ　1/2個

●作り方

① 手羽元をよく洗い、水気をふく。ベーコンはふちを切り取り、湯引きする。
② 鍋でベーコンを弱火で焼き、脂を滲み出させ、取り出しておく（脂は捨てる）。
③ 同じ鍋にオリーブ油、にんにく薄切りを入れ、手羽元を焼きつける（にんにくは色づいたら取り出しておく）。ローリエも加える。火が通ったら、手羽元を取り出し、白ぶどう酒を注ぎ、鍋肌の旨みをこそげ落

野菜を加えるごとに、その野菜に塩をふる。焦がさないように。

肉を加えるときに、白ぶどう酒でデグラッセした汁も忘れず加える。

山盛りのキャベツの葉も、蓋をして蒸らし煮をすれば、ぺろりと食べられる。

とす（あとで用いる）。

④人参は六つ割りにし、じゃが芋は皮をむく。それぞれ塩を加えた湯で固めに茹でる。

⑤茄子は縦二つ割り、塩をふりかけアクが出たら、水で洗い、水気をとる。ピーマンは四つ割り、種を取る。いんげんはすじを取り、半分に切る。キャベツは葉を手でちぎり、太い葉脈は切り取って斜め半分に。セロリはすじを取り、5〜6cmのぶつ切りに。かぼちゃは2cm厚さに切る。きゅうりはぶつ切り。トマトは半割り。

⑥大きな鍋にオリーブ油を入れ、玉葱から焼きつけてゆく。塩をふり、時おり玉葱を返しながら蒸し煮にする。玉葱がやわらかみを帯びてきたら、オリーブ油を足し、次の野菜を入れてゆく。セロリ、かぼちゃ、キャベツの葉脈、茄子、きゅうり、ベーコン、ピーマン、いんげんを順次入れていくが、鍋中で混ざらないように、空間を上手に空けて、そこで焼きつけるようにする。塩は、野菜を加えるたびに、その野菜にふる。

⑦全体がやわらかくなったら、④の人参、じゃが芋、トマトも加え、手羽元を投じる。白ぶどう酒でデグラッセした汁も注ぎ入れにんにくを戻し、キャベツをのせ、蓋をして蒸らし煮をする。

古漬け

まるで生き返ったかのような爽やかさは、薬味とレモンの技。

「カクヤ（覚彌・隔夜）」は、香の物の食し方の呼称。ここでは糠漬けのつかりすぎを的確に塩出しして、細かく刻んで混ぜ、薬味は新生姜と秋茗荷を、ざんぐり加えてある。食事をこうした爽やかな美味でしめくくる。「生活の手ごたえ」そのものである。では生活とは何か。暮らしの集積。いのちをあずける「場」を指す。意にも介さぬ、漬け物の塩加減、切り方。薬味の有無、温度。おいしい・まずいの幸不幸。このあきらかな「安泰」の差異を、人類はいのちを守る手がかりにしてきた。だから、美味は決定的に必要条件。

以前、名の通った天ぷら屋は、ご飯になると、しじみの赤出汁、カクヤの漬け物、濃いめの番茶でしめくくった。

しじみは肝臓を養う、カクヤは糠漬けの酵素たっぷりで消化を助ける。濃いめの番茶は口中さっぱり。何もかも理屈にかなって美味。ここでは氷水にレモンを用いて、塩分と、異臭を去るように配慮してある。心利いた気配り。「カクヤ」の歴史には徳川家康も現れる。——捨てがたいものの一つ。

古漬けの扱い

●材料（作りやすい分量）

古漬け（茄子、きゅうり）　適量
新生姜　適量
秋茗荷　適量
レモン　（薄切り）3枚

●作り方

① 古漬けを薄切りにし、塩出しする。
② 生姜はみじん切り、茗荷はごく薄く斜め輪切りにしておく。
③ 氷水に①と茗荷を放ち、レモンを搾り入れ（レモンはそのまま水に入れておく）、ざっくり混ぜ合わせる。
④ ザルにとり、水気を絞り、生姜のみじん切りを混ぜ、器に盛る。好みで醤油を。

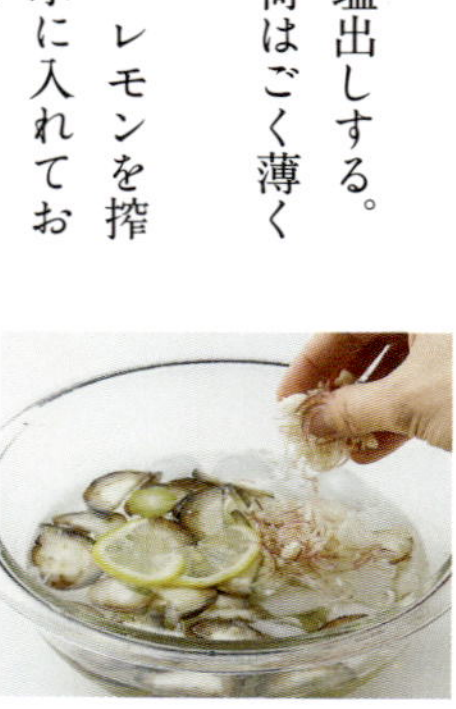

氷水に放つのは、刻んだ野菜類は、水の中でしか万遍なく混ざらないからだ。

手を加えて、
食材を生き返らせ、
食べ心地を作るのは、
まさに生活の知恵そのもの。

夏

モーウィ

モーウィ

味はきゅうりに似ているが、よりしまっており、青臭さはない。

変化する日本の風土。生薬の力を頼る時代がきた。

モーウィは沖縄生まれの瓜(扱いは冬瓜《とうがん》的だが冬瓜の仲間にしてよいか否か)。呼び方は「もういいよ〜まあだだよ」のイントネーションでモーウィと発音する。

モーウィの外観は、赤茶色、型は飛行船型、果肉は真っ白で緊密。この緊密である食感が、かけがえがない。本土の冬瓜の倍は美味。琉球王朝の宮廷料理の食材であった。カリウム、ビタミンCに富んでいる。医食同源では、むくみ・顔のしみとりに効果がある。瓜類がむくみをとることはよく知られるところだが、しみ防ぎは「冬瓜の種子で飴を作り、常々しゃぶっている」と、しかるべき方から伺った。以来、冬瓜・かぼちゃの種子・ワタは大切に、まずもって、これを炊き出し、その煮出し汁を足がかりに調理している。これも大いに参考になさるとよい。モーウィを本土の食卓にもと、取り入れたのは、気候の変化。モーウィは灼熱の畑地でひと茎に三十五個ほどの実を、十月ごろまでつける。その生命力を賜物とした。(68ページの)ゴーヤも生薬だ。生薬学の時代がくる。

モーウィの甘酢漬け

●材料(作りやすい分量)

モーウィ　1個
一番出汁　適量
塩　小匙1½
薄口醤油　小匙1½
みりん　大匙½
甘酢(割合で表示)
［酢1：水1：酒½：砂糖⅓〜½：煮きりみりん¼〜⅓：塩少々］

●作り方

① モーウィを4cm幅の輪切りにし、皮をむき、種とワタを取ってから4cm角になるように切る。

② 鍋に種とワタを入れ、ひたひたの出汁を加えて20〜30分煮出して取り出す。

③ モーウィの実を並べ、ひたひたになるよう出汁を加え、塩、醤油、みりんで薄めに調味して、弱火で炊く。モーウィがやわらかく透明になったら火を止める(半量を椀物に、半量を甘酢に漬けるなど展開する)。

4cmの輪切りにする。種やワタからも栄養をいただく。

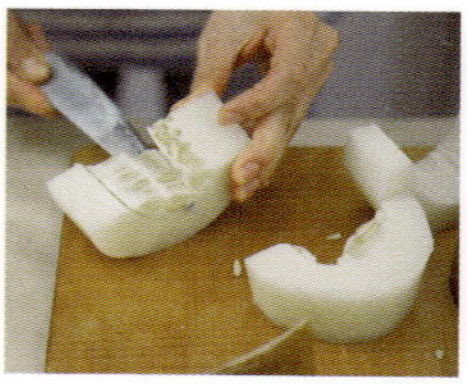

皮をむき、種とワタを取り、4cm角になるように切る。

モーウィは、わしたショップで扱う。
（東京銀座☎03・3535・6991
札幌☎011・208・1667
名古屋☎052・262・4789）

大きさを揃えるのは、煮え方・漬かり方を均等にするため。

種とワタから炊き始める。出汁はひたひたが基本。

種とワタを取り出し、実を炊く。出汁をひたひたに。

甘酢に漬けたところ。瓶には、隙間なくびっしり詰めるのがコツ。サラダ代わりにも。

秋

椎茸

椎茸

椎茸は原木のものを選ぶ。大分県の「かとうしいたけ」をすすめる。

椎茸の力を日常的に容易に味方に。

味わい、栄養ともに、まさに「至れり尽くせり」のこのレシピを作るのは、世界で私ただ一人。ひと言で説明するなら「椎茸のバター」と言うべきか。濃厚だが、体をよい方向へ導く力はこの上ないと思う。椎茸のもつ多糖類(β-グルカン)は、免疫力を高めることがすでに証明されている。ただ、このレシピの恩恵を受けるには、ある条件がいる。

何かを成し遂げる人、成し遂げる時というのは、無心になる必要があるものだ。単調だが乱れることのなく椎茸を刻む忍耐と技。炒めるリズムも同様。木べらについた椎茸をとんとんと落とす間隔も一定なら、へらで混ぜる音も落ち着きそのもの。作り手の呼吸が整ってはじめて、この食べものは出来上がってゆく。椎茸を一・五ミリ角に刻めとは言わないでおく。がんばって三ミリ角でいい。一度、無心になって手を動かしてみてほしい。何かが見えてくるかもしれない。

デュクセルを用いたオープンサンド

◎材料

椎茸のデュクセル(108ページ参照) 適量

レバーペースト(市販) 適量

全粒粉のパン 適量

◎作り方

全粒粉のパンにレバーペーストをぬり、椎茸のデュクセルをのせる。

レバーペーストとの相性は抜群。
パルミジャーノの代わりに
白味噌を用いても美味。

椎茸のデュクセル ア・ラ・タツミ

●材料（作りやすい分量）

椎茸　600g
玉葱　200g
にんにく　1かけ
ローリエ　2枚
オリーブ油　適量
白ぶどう酒　適量
チキンブイヨン　カップ1¼
水　カップ1¼
塩　適量
パルミジャーノ　適量

●作り方

① 椎茸を軸とかさに分けて1.5㎜角のみじん切りにする。玉葱、にんにくもみじん切り。
② オリーブ油を鍋に入れ、①の玉葱、にんにく、ローリエを入れ、火にかけて炒める。
③ ②の鍋に、まず椎茸の軸を加えて炒め、さらにかさの部分を炒める。白ぶどう酒を加える。
④ ブイヨンと水、塩を加え、弱火で煮てゆく。
⑤ 味噌状にねっとりしてきたらパルミジャーノを加えて混ぜる。

椎茸は軸とかさを分けてみじん切りにする。玉葱、にんにくも同様にみじん切り。

オリーブ油で玉葱とにんにく、ローリエを炒める。次に、軸を加えて炒める。

椎茸のかさの部分も加え、根気よく炒めてゆく。まず、白ぶどう酒を加える。

さらに、ブイヨン、水、塩を加える。ときどきかき混ぜながら、弱火で煮る。

ぺったりするまで炒め、水分が少なくなったらパルミジャーノを加える。

保存の方法

密封容器にデュクセルを詰め、バターをぬったペーパーでおおい、蓋をする。

秋

茸

茸

他にも椎茸、しめじ、舞茸など、茸類なら何でも合う。

秋の日本の食に欠かせない茸を、洋の手法で。

十一月初旬、寝覚めた耳に、いが栗の落ちる音が聞こえる。梢から枝々の重なりをすり抜け、タフタの衣擦《きぬず》れにも似た、さらさら、かさこそ、すとんと地に落ちる。

栗と茸類《きのこ》は、おおむね、手を携えてやってくる。この国は湿度が高く、茸発生の条件を揃えており、茸と名のつくものは、何千種、可食種は数百種あった。しかし五百年前から二百種を下回り、現在は二十種ほどとか(食物史家・平野雅章さんによる)。

どの茸も、各種のミネラルを含んでおり、風味のみでなく、栄養的にもすぐれる。私がお伝えしたいのは料理における茸の役割で、和洋を問わず、茸を仲間入りさせると、旨みとは別に、料理に「映え・表情」が備わること。不思議な存在と思う。とくに日本の椀もの、煮炊きものは、茸を欠けば、景色になりにくい。

茸を二、三種取り合わせ、バターライスにしてみた。洋食では、米は野菜と考える。こっくり炊いた肉料理のつけ合わせに、栄養的にも、季節感を取り入れた食べ心地としてよろこばしい。

茸のバターライス

● 材料(作りやすい分量)

たもぎ茸・マッシュルーム・エリンギ合わせて　250g
米(五分づき)　カップ2
玉葱　½個
にんにく　1かけ
オリーブ油　適量
ローリエ　1枚
チキンブイヨン　カップ2⅓
塩　小匙1
バター　大匙1
いんげん　適量
茹でる塩　適量

● 作り方

① にんにくはくし型に、玉葱はみじん切り、茸類はかさの部分を四つ割り、軸はみじん切りにする。米は洗って、ザルに上げておく。
② 茸類はオリーブ油で軽く炒めておく。
③ 鍋にオリーブ油とにんにくを入れて火にかける。香りが出たら玉葱、ローリエを加え、しんなりしたら、米とバターを入れて炒める。
④ 米が少し透き通ったら、②の茸を加え、ブイヨンを注いで混ぜ、塩を加え炊き上げる。つけ合わせには、塩茹でしたいんげん。青いものがよい。

● ここではメイン料理に、牛ほほ肉のワイン煮を用いた。

茸には、コクのあるメイン料理がよく合う。ジビエと合わせると喜ばれる。

茸類は、別に炒めておき、あとで合わせるようにする。

米が透き通ってきたら、茸、ブイヨンを加えてひと混ぜして炊く。

栗

秋
栗

母なる牛乳を使って灰汁を抜く。ほっこり、優しい味のでき上がり。

少々意地悪な言い方ですが、味はつけて、つけられるものでないという話をよくしている。味はつけるものではなく、素材そのものから導き出すものだからだ。ここでは異質のテーマで、その味を導き出す話をしたい。

写真は栗のグラタン。正しく渋気を抜き、スープで炊き、グラタンにする。つまり味を導き出す。眼目は、渋抜きにかかっている。

栗の仕事で、渋皮煮に挑戦する方は、しつこいほど質問ぜめになさるが、茹でたままでも、それなりに満足する栗の渋気については見逃す方が多い。

岐阜県中津川に山栗を用いた銘菓がある。茶人でさえ讃える菓子で、丹誠込めたものだが、渋気と砂糖が一つになったくどさが納得できない。

一方反対に、秋をとじ込めたような栗の風味も、ほっこりとした旨みも抜いてしまった製品も少なくない。

栗のよいところだけ活かす方法はないか——と思いつつ、夜なべの渋皮煮、手指に絆創膏のガードを貼ってふくませつくり、洋菓子用の裏漉し、すべてうんざりするほどの分量の谷間から、ほっと青空を仰ぎたい心で、その手立てを模索したものがこれである。

〈人のひらめきと思いつきは全く異質のものです。ひらめきは「願い、知識、練習量」の三者が一つになった場から、幕が切って落ちるように、本人も予期せぬときに、答えは与えられます〉

母の存命中、渋抜きは灰汁に頼っていた。渋皮の初段階の渋抜きまでは灰汁が適正だが、それから先は疑問が残っていた。

何年かたって、ベッドの中で「あれには、牛乳を」と直観的に思ったのだ。実験的にむき栗を水割り牛乳につけておくだけでも、そのつけ液が灰色を帯び、それにしたがって、栗の実の色も黄味を帯びるのを認めた。

静かに炊けば、上に灰色を帯びた泡が寄り、瀬戸引きの鍋のふちには、やにのように渋がねば

りついてくる。

一つ、二つ、つまんでみたら、栗の風味も旨みもそのままに、不要なものが解消しているではないか。以来「牛乳はやはり母なるもの」と感謝しつつ、あらゆる渋み、苦みの手当てに牛乳を用いている。

さらに時を経て、渋のもとであるタンニンは、牛乳のカルシウムが解消することを知った。

科学的裏付けがあったのである。

料理にする場合は、この牛乳茹でを七分通り行い、ざるに静かに受け、上から熱湯をかけまわし、これを調味したスープで、やわらかく煮ればよろしい。

グラタンは、これを少量の玉葱を加えたホワイトソースで和え、上にレッジャーノのパルメザンチーズと、落としバターで焼く。銘々皿でも、取り分け皿で供してもよい。鶏肉料理、栗のバターライス、栗の洋菓子、ふくませさえ、すべてこの下拵えで栗の美味を導き出している。

栗のグラタン

何とも優しげな一品。
たとえばメインディッシュの合間に、
ほこっと心のほぐれる味わい。
さて、栗を煮るチキンブイヨンについてひと言。
バターで炒めた玉葱にチキンブイヨンをさして、
加えるのはローリエと塩。
バターライスに栗を加え、
ホワイトソースをかけ、ドリアにしても美味。

最低30分から2時間くらい。水で薄めた牛乳の色がグレーに変わる。どうも日本人のアク抜きは平面的。豆も水にさらすか、でなければ重曹につけたりする。すると栄養や旨みまで流れてしまうことに気づかなければならない。

香味野菜 ①

細かく刻むことがなぜ大事か。
味、舌ざわりのよさはもちろん、
手が自然に動くようになると、
その体験が
人生のあらゆる場面で生きてくる。

五ミリ角の刻み野菜をじっとり炒め、旨みを引き出す。

美味はある種の組み立て仕事だ。その中に「足らざるを補う」方法がある。豆腐に田楽味噌・青背魚に大根おろし――など、ごく身近な例だろう。ここでは淡白な魚肉に対する補いの例を。

玉葱、人参、セロリを同寸に切り、じっとり均質に炒めたもの。これを「デュクセル」と呼ぶ。由来は、デュクセルさんという貴族の創案によるので、そのままを呼称にしてある。デュクセルさんは料理の道理を熟知した食通であったと思う。なぜなら、淡白な魚肉に対して、容易にフォアグラやチーズを使わなかったからだ。

フォアグラを用いれば簡単だ。しかし、場合により、魚肉の淡白は押さえ込まれる。野菜の旨みは、間違いなく淡味に対して品のよい立ち上がりを与えてくれる。これが、ものの「道理」というものだ。仕事が仕事になるためには、五ミリ弱の玉葱のみじん切りが、どのようにしたらできるかに始まる。よい方法を考えてほしい。皆さまの答えを楽しみに。

香味野菜のデュクセル

● 材料（作りやすい分量）

玉葱　300g
人参　200g
セロリ　150g
マッシュルーム　7〜8個
オリーブ油　適量
ローリエ　1枚
白ぶどう酒　適量
塩　適量

● 作り方

① 野菜を5㎜角のみじん切りにする（人参のみ3㎜角だとバランスがよい）。
② 冷たい鍋にオリーブ油を入れ、蓋をきせ、中火の弱で玉葱を蒸らし炒めする。ローリエも投じる。
③ 玉葱の刺激臭がなくなったら人参、セロリの順で蒸らし炒めをし、白ぶどう酒をふり入れる。
④ さらにマッシュルームを加えて蒸らし炒めし、塩を軽くして仕上げる。
⑤ 粗熱をとり、冷蔵保存する。

野菜の水分を生かし、蓋をして「蒸らし炒め」する手法は、野菜の旨みを引き出す基本だ。

4つの材料はすべて5㎜角のみじん切りにすることが基本。工夫して刻んでほしい。

蓋をして蒸らし炒め。焦がさないよう、時折混ぜながら。少量の水を加えてもよい。

火加減は10のうち2〜5の間で調整する。蓋についた水滴も旨み。鍋中に戻す。

蒸らし炒めの途中で、白ぶどう酒を加える。仕上げに、保存のため塩も適宜加える。

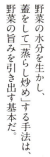

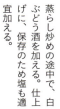

香味野菜②

デュクセルをもつことの幸せを、もう一度実感したい。

前項のデュクセルの解説中に「田楽」という例をひいた。お気づきだっただろうか。淡白という系列に属する素材に、その素材をいかすはずの味噌を選び、食べ心地をつくり出す技法だ。事例として――

豆腐・こんにゃく・里芋・茄子

ふろふき大根も仲間に入るかもしれない。田楽に縁の遠い方でも、白味噌に木の芽を投じた木の芽田楽、赤味噌系に練り辛子を添える、あのいたって日本的な満足感はご存じだろう。

香味野菜のデュクセルは、ここでは正統的に淡白な魚の身にぬったが、いわゆる、かけソースに投じて、ソースの味をふくらませることもできる。

ハンバーグや豚肉を焼く鍋肌を荒焦げさせず／肉を焼いた油脂を除き／ぶどう酒で鍋肌の美味を寄せ／デュクセルを投じ／少々の湯を加え／煮詰め、ソースに仕上げる。

トマトを用いるのも可能。卵料理、パンの貼りもの（スプレッド）にも使える。幸せは創出するものだ。

あいなめのパピヨット

●材料（2人分）

あいなめ（切り身）　2切れ

ミルポワ

［セロリの葉、葱の青い部分、人参の皮など適宜］

塩・胡椒　各少々

白ぶどう酒　適量

小麦粉　少々

オリーブ油　適量

香味野菜のデュクセル（114ページ参照）・トマトソース・イタリアンパセリ・ズッキーニ・レモン　各適量

香草油で、あいなめを皮目から焼いてゆく。香草は油から取り除いておく。

● 作り方

① あいなめに塩、胡椒をして2時間ほどおく。

② オリーブ油にミルポワを入れ、弱火にかけ、香草油を作っておく。

③ ①のあいなめを白ぶどう酒で洗い、水分をとってから小麦粉をつけて、②の香草油でムニエルにし、白ぶどう酒をふる。

④ つけ合わせのズッキーニを輪切りにして軽く焼く。

⑤ ロウ紙にトマトソースを敷き、デュクセルをのせたあいなめをのせる。④のズッキーニも添える。

⑥ 写真のようにロウ紙で包んで油を薄く塗り、高温に熱しておいたオーブンで5分程度焼く。くし型のレモンとイタリアンパセリを添えて供す。

パピヨットとは、「紙で包む」料理法。
旨みをのがさず、
包みを開くとふわーっと湯気が立ち上るのが楽しい。

焼き色がついたら裏返す。オーブンでも火を入れるので、焼きすぎないようにする。

皮目を下にしたあいなめの上に、香味野菜のデュクセルを形よくのせてゆく。

ロウ紙にトマトソースを敷き、その上にあいなめを1切れずつのせる。ズッキーニも添える。

ロウ紙で包み、周囲を折り、油を薄く塗る。紙がぷーっとふくらむのが焼き上がった目安。

カリフラワー

必ず株ごとに切り分けて茹でること。そうでないと、出来上がりが水っぽくなって困る。

ふわっとしたスフレの幸せ。手を動かし慣れれば、難なくできる。

このカリフラワーのスフレ、セロリ・オー・ジュ（36ページ）、独活のベシャメルソース和え（20ページ）。いずれも恩師・加藤正之先生ならではの処方である。皆さまにこれらを伝え遺すことを、在天の先生がどれほどお喜びか、ご恩に報いる思いである。

カリフラワーとベシャメルの組み合わせは、単にベシャメルで煮たのとは別趣の、高等の扱いと思う。塩分を決めてカリフラワーを茹でる／それを同寸に切る／ベシャメルとは相当事前に合わせ得る。この段取りが、この料理の救い。高級気に装って、難しくないところである。近年プロは、サービスの形態の変化で、よい料理を失いつつある。

よい料理をプロが失う——それを、家庭で押しとどめる。ちょっと愉快ではありませんか。

カリフラワーのスフレ

ぷうーっとふくらんだスフレは何とも言えない幸せ感を与えてくれる。うずらなどジビエと合う、他に類のないスフレだ。

◎作り方120ページ

今回は、ベシャメルをブイヨンでのばさなかった。水分が多いとふくらみにくい。

いよいよ焼く、という段階で、卵白をよく泡立て、さっくり混ぜ合わせるのがコツ。

内側にバターをぬり、そこに流し入れ、焼く。きれいな焼き色と香ばしい匂いがする。

カリフラワーのスフレ

●材料(作りやすい分量)

カリフラワー　カップ3(茹でて細かく刻んだもの)
茹でる塩　適量
レモン　(輪切り)1切れ
ベシャメルソース　1単位(14ページ参照)
[バター50g　小麦粉70g　牛乳カップ2　塩小匙1　ローリエ1枚]
塩　適量
卵　3個
牛乳　少々
パルミジャーノ　適量
バター　適量

●作り方

① カリフラワーを小さな株に切り分ける。たっぷりの湯に塩、レモンの輪切りを入れ、固めに茹でる。

② ①をザルに取り、粗熱をとってから、5㎜角くらいに細かく刻む。

③ 卵黄のみをよく溶き、少々の牛乳でのばし、ベシャメルソースに加えて混ぜておく。

④ ③のソースに塩を加えて味をととのえ、②を和えておく。ここまで作りおきできる。ベシャメルが固いようならチキ

ンブイヨンで少しゆるめる。
⑤ 焼く直前に、卵白を角が立つくらいに泡立て、④に加え、さっくり混ぜる。
⑥ スフレ型など耐熱の器の内側にバターをぬり、⑤を流し入れる。パルミジャーノをふり、ちぎりバターをのせ、熱しておいたオーブン（200℃）に入れ、全体がふくらみ、きれいな焼き色がつくまで焼く。ここでは、牛のほほ肉を煮たものと一緒に供した。

秋

ごぼう

ごぼう

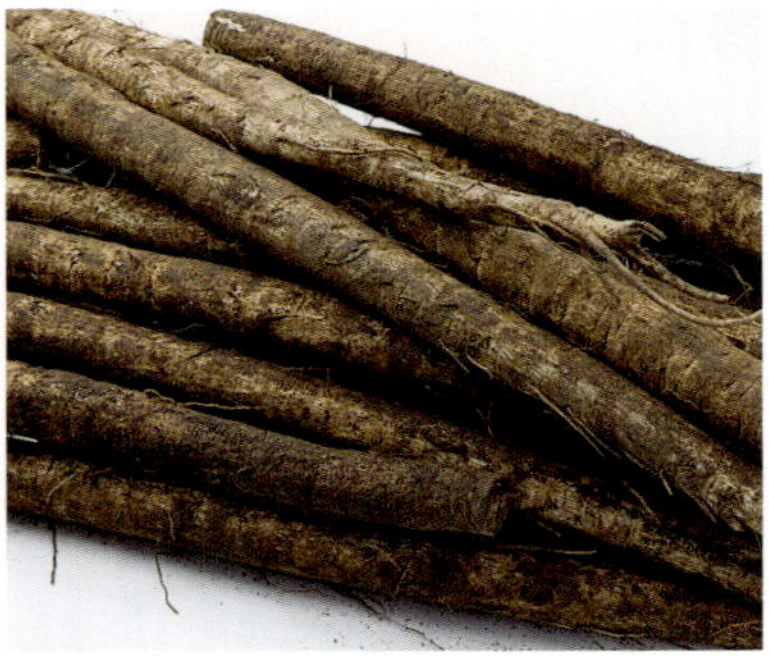

香りのよい北海道産が届いた。皮の栄養もしっかり摂りたい。

歯ざわりも軽く。何はともあれ、パイユ(麦わら)に切れれば。

「Tatsumi San! あの細く切った野菜をフライしたもの何ですか? 特別な香りでおいしかった」。アメリカ人は、わざわざ修道院の台所まで入ってきて、お礼を言われた。よいこと言ってくださるなとうれしかった。三十年前のことであるのに、このごぼうのパイユ(麦わらの形)を作ると、その方の音声が、いつも甦る。

このスコットランド系アメリカ人の反応には、やはりわけがある。ごぼうの原産地は、ヨーロッパ、シベリア、中国東北部と見られており、日本へは中国から渡り、平安時代から使われていたとか。日本の風土と先祖方の好みで、今日のような進化を遂げた。洋食・中華では、ごぼうは野菜として使われないとか。

思い出をたぐれば、ロブションで仕事をしている方々を招き、牛のほほ肉の煮込みを供したことがあった。この時、ごぼうと芹をガルニに用いた。フランス人が「パーフェクト」とほめたことを思い出す。

ごぼうの、至って日本的な下拵え——下茹でには糠。下煮には酒、昆布、梅干し。これで世界に通用する。パイユ形に切れる民族も少ない。

ごぼうのパイユ

● 材料(作りやすい分量)

ごぼう　1本
小麦粉　適量
揚げ油(なたね油)　適量
塩　少々

● 作り方

① ごぼうの皮をいたわりながらよく洗う。食べやすい長さ(5、6㎝)に切り、2、3㎜のマッチ棒状に切る。

② 水に10分ほどつけてアクをとる。

③ ごぼうをザルにとり、よく水気をきり、さらに布巾にはさみ、水気をしっかり吸収させる。紙の上に広げ、茶漉しを使って化粧粉をふる。その際、持つ手を別の手に当てるようにするとよい。ときどき紙の両端を持ち上げ、揺り動かすと、ごぼうは一方向を向き、粉がまんべんなくつく。

④ なたね油を160℃くらいに熱し、ごぼうをじっくり揚げる。軽く塩をふって供す。

● 蓮根、パセリの素揚げを盛り合わせ、味の変化をつけてみた。

もてなしのときも、揚げておき、さっと供すことができる。もちろん、つけ合わせにも。

2、3㎜のマッチ棒状に。水気をしっかりふき取ること。

茶漉しを片方の手指に軽くとんとん当てるのが化粧粉のコツ。

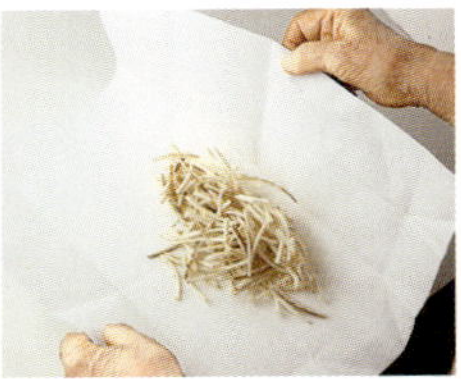

紙の両端を持ち上げて揺すると、都合がよい。

160℃と低めの温度でじっくり水分をとばす。

あり合わせで美味を仕立てる知恵は、愛の発露。

「酒の肴《さかな》にはお金をかけない。甲斐性で作るものだよ」

母は大根の荒葉やうどの皮をあしらいながら、いたずらっ気に笑いかける。

一方、三時のお茶を飲みながら、「今夜はお父さまに何をして差し上げようか」と、頭の中で、冷蔵庫や食品棚をさぐる目つきになっていた。

世には／愛さずにはいられない人もいる／こういう人にひらめきが宿ると／あたりが明るくなり／よいことを／もの惜しみせず／ふりまいてくれる。

よいこと？　美味しいものも、その一つ。

ごぼうの味噌漬けは、本来、山ごぼうとしたものだが、普通のものの細身の部分を、歯ごたえを残して茹で、これまた、あり合わせの味噌を酒、味醂で好みにし、ガーゼにはさんで二、三日おけば、自然におつな味噌漬けになる。日本酒にはむろん、チーズとの相性もよいから、ビールも飲める。間違いなく旨いのは、炊き込みご飯。とくに弁当は、お結びにしても、物相で抜いても、ごぼうの味噌漬けがあることで映える。

ごぼうの味噌漬け

● 材料(作りやすい分量)

ごぼう　2～3本
味噌(手持ちのもの)　500g
甘酒　適量(好みの量)
糠　ひとつかみ
焼酎　少々

● 作り方

① ごぼうは、皮をいたわりながらよく洗い、長さを容器に合わせて切る。糠を加えた水で茹で、少し歯ごたえが残るくらいで水にとる。

② ごぼうが太ければ二つ割りや四つ割りにしてバットにとり、焼酎をかけ、ころがす(保存のため)。

③ 味噌に甘酒を加え、好みに仕立て、容器の底から味噌、ガーゼ、ごぼう、ガーゼ、味噌の順で重ね、密閉して冷蔵。3日目から1週間が食べごろ。

● よい甘酒が手に入れば用いるとよい。普段は、酒とみりんを味噌に合わせる。

● 新ごぼうなど細身の場合は、丸のまま漬けたい。

糠水で茹でる。歯ごたえを残すくらいがちょうどいい。

3日目の味噌漬け。時間が仕上げてくれる料理は素晴らしい。

味噌漬けに、クリームチーズを添える。
こうした、ちょっとした
「おしのぎ」を用意できる人になってほしい。

大和芋、長芋

奥の長いのが長芋。
手前が、大和芋。新鮮なものを選ぶ。

肉とミルポワ風味の油をかけつつ焼き上げ、ほっくりと。

第一に「ヤマイモ」と「ヤマノイモ」との「ノ」の字の入る微妙な仕分けを気にしておいでの方は何人おられるだろう。

山芋の代表は、あのくねくねと細長い自然薯《じねんじょ》。米以前の採集時代から山薬《さんやく》として大いに頼った食物だから、敬意と親密感を持って相対せねばならぬ食べものと思う。

これを栽培したのが家山薬《いえさんやく》。つくね芋／いちょう芋／棒状の大和芋／長芋を作ってきた。里芋は最も古い栽培野菜のひとつで、山芋が山で自生しているのに対して、里(畑)で作る芋は里芋と呼ばれる。

芋の仲間の違いと扱いの差を一堂に会することは不可能に近いから、芋に応じた食方法に行き合ったなら、よく記憶し、せめて頭の中で対応させてほしい。

ここでは、大和芋を少しでも美味にと、私の好みを紹介する。何のことはない。芋をよく洗い／ふき／オリーブ油をよくなすり、美味塩をさらになすり／肉の天板で共に焼く。間々で天板の、肉とミルポワ風味の移った美味油をかけては、天地返ししつつ火を通す。充実感が増す。

大和芋、長芋のロースト

● 材料(作りやすい分量)
大和芋、長芋　各½本
小玉葱　10〜15個
オリーブ油　適量
塩　適量
パセリ　適宜

● 作り方
① 大和芋、長芋は洗って水気をふき、オリーブ油をなすり、まんべんなく塩をすり込む。
② 鉄鍋にオリーブ油をひき、玉葱を焼きつける。①の芋も加え、油になじませながら焼きつける。
③ 200℃のオーブンに鍋ごと入れ、均一に焼けるようときどき返し、鍋の油をかけ回しながら30〜40分焼く(芋の太さ・長さで加減する)。
④ 輪切りにして供す。メインは、ローストビーフ。つけ合わせは、ぱりっと素揚げにしたパセリを。

● レシピでは、芋と玉葱だけをローストしたが、ローストビーフと一緒にオーブンで焼く、あるいは肉は上段、野菜は下段に分けてオーブンに入れると合理的。肉とミルポワ風味の油をかけられるので、より美味。羊や鴨の肉にもよく合う。

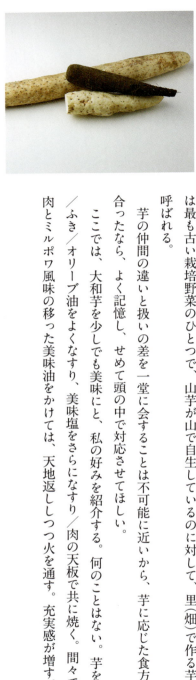

全体にオリーブ油をすり込み、さらに塩をすり込む。

焼き色をつけてからオーブンに入れたい。きれいに仕上がる。

サルサ・ヴェルデ
（イタリア語で緑のソース）で食すといい。
ソースのレシピは75ページに掲載。

つくね芋

丹波のつくね芋を用いた。
擂り鉢は、大分・小鹿田焼《おんたやき》。

世界に類のない「芋の生食」。ご馳走と思う感性を育てたい。

専門家によれば、山芋と山ノ芋は異なるという。山芋は、山地に自生する自然生、自然薯。山ノ芋は、中国から入った栽培種。栽培の過程で、つくね芋、扇形のいちょう芋、棒状の長芋などに分化した。とろろ汁は自然薯、またはつくね芋を用いる。皆さまに世界を見渡していただきたい。「芋の生食」をする、できる民族は世界に類がないはず。これほど巧みに食す例を知らない。

①山芋はアジア圏の何処かにあるはずである。

②とろろ状にするには、擂り鉢、擂りこ木なくして不可能である。これらを用いた、他の国の料理を知らぬし、当然、道具を見たことはない。乳鉢のごときものを見たことはある。擂りたい食文化は、味噌が招いたのか、わからぬところだが、先祖の遺産を見直していただきたい。山芋は山薬といわれる。それは効能のゆえである。虚損《きょそん》を補い、腰膝を強め、腎を益《えき》すとある。

良質のたんぱく質、でんぷん、卓越したジアスターゼを含有する。とろろ飯を友と囲む。魚の風干し、多彩な漬物があれば、安価に宴を楽しめる。食文化は無償の財産。

とろろ汁

●材料(10人分)

つくね芋　2個
卵黄　2個
八方出汁
［昆布と鰹節の出汁(濃いめ)カップ3～4　酒カップ1　みりんカップ⅔　薄口醤油カップ⅓　塩小匙1］
長葱　適宜
わさび　適宜
焼き海苔　適宜

●作り方

① つくね芋はよく洗い、皮をむいて、直かに擂り鉢で擂りおろす。

② 擂りこ木でよく擂り、卵黄を加えて、さらに擂り合わせる。

③ 出汁に調味料を加え八方出汁を作る。それを温め、人肌に冷まして②に少しずつ加え、さらに擂り合わせる。さらりと食べやすい程度に八方出汁で調整する。

④ 長葱は極薄の小口切り、わさびをおろし、針海苔をたっぷり添えて供す。

● ご飯は、もちろん麦飯である。麦飯は、米カップ3に対し、麦カップ½の割合がよい。

擂ると、ねっとりと重い。直かに擂り鉢で擂るのが最善。

まず、擂り鉢でよく擂るのが肝心。なめらかに仕上げるため。

卵黄を加えることで、さらに栄養価が増し、滋養強壮にもなる。

八方出汁を少しずつ加え、さらに擂る。粘りは芋の力そのもの。

粘り具合を見ながら、八方出汁で食べやすく調整する。

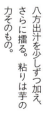

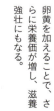

里芋

泥などをよく洗い、ザルにあげ半乾きにする。むきやすい。

湿度の高い夏をしのぎ、秋口から心身の消耗を癒す「風土食」。

お月見の頃になると、山の芋も里の芋も一段と充実した味わいになる。

里の芋というのは、栽培した芋との意味で、代表が里芋、伊勢芋、つくね芋、八つ頭、大和芋、長芋はその仲間。

里芋の栽培は縄文にさかのぼる見方もあるほど古く、五穀以前に日本民族が頼りにした食物だ。いわば、「風土食」、食べ続けねばならぬ食物の類に入る。昨今想像を絶する事件が多発しているが、生物学的に食べねばならぬものの不足も手伝っているのではないか。風土の芋はムチンを豊かに含有し、湿度の高い夏をしのいできた人々の心身の消耗を秋口から癒す。

何気ない深い意味のある、通常の芋食の風景をあげてみる。

①「きぬかつぎ」ふきんを開くと、まだほのあたたかく、子どもたちを待っていたお八つでもあった。つるんと押し出し、生姜醤油つけて、番茶のみのみ、も一つ、また一つと食べてゆく。

②「小芋の炊いたもの」いくらでもお替わりしてよいお菜——深鉢や大皿に盛られ、食卓のまん中に出してあるもの、料理屋との格差の象徴の如きもの。照りをおび、愛らしいお芋さん。香り立つふり柚子。「おいしそう！　旨そう！」。男子の箸がすすむのは不思議に里芋なのである。思えば、じゃが芋、さつま芋で酒は飲みにくいが、里芋なら煮ころがしでも酒の友になるからなのだろうか。

③「里の芋の汁」

◎味噌汁——小芋に秋茗荷や長葱の取り合わせなら鬼平好み。ずいきを添えれば立派な懐石の汁もの。一方、お芋と大根の千六本は代表の実だくさんの汁。戦時下学生生活に暖房はなかった。さらに学徒動員における軍需工場、農村における労働など。厳冬のそうした日々をどうにかささえたのは、お替わりして食べた心尽くしの朝の味噌汁であったかと、今にして思い当たる。

◎清汁仕立て。けんちん、のっぺい、三平汁。これから里芋が抜けたみすぼらしさを考えたことがあろうか。

さらに、正月のお雑煮に、八つ頭、親芋を欠かせぬ地方もある。

④「煮炊きもの」八つ頭や海老芋をうずらの丸《がん》と炊き合わせ、青味はみぶ菜。冬の煮炊きものの秀美。

⑤「伊勢芋、つくね芋のとろろ、またはとろろ汁、すり流し、蒸しもの」せめて「麦とろ」くらい年に一回は、食べていただきたい。

料理以外に、和菓子の多くは、里の芋類のお世話になっている。このように山の芋、里の芋の系列には、数え切れぬほどの料理の文化が見出せる。

日本の芋類が敬遠されるのは、扱って痒い点であろう。解消の方法は、まず徹底的に洗い、ザルに拡げ、半乾きにする。完全に乾かすとむきにくい。この下処理で思うようにむけるはず(皮むきにはドイツ製のペティナイフがおすすめ)。

むいてから、固く絞った布で芋をふき上げる。何でもなくて、何でもある方法だ。

里芋と切り干し大根の炊き合わせ

一番出汁で炊いている。
切り干し大根と油揚げと。
油揚げは、三角、四角と形をかえて炊いておき、
それを活用してもよい。

縦にむくと凸凹せず、形もそろう。形も味の一つの要素。

仕上げに布巾でふき上げる。過程で手をぬらすことがない。

秋

むかご

ただものではない力を含む、山芋の球芽は炊き込んでこそ。

世にハート型をした植物の葉は数々あるが、そのままブローチにしたいほど、見事なハートの線を見せているのは、山芋をおいてないと思う。晩秋、黄葉し、夕映えに輝けば、胸元を飾りたいくらい。さらに、八月から九月、からんだ蔓につく小さな花の香りは、山芋の本性。その最たるものと思っている。フランスに山芋はないから、シャネルやディオールも取り入れられぬが、あれば、ほっておかないなあ〜。香水よりタルカムパウダーとして、一世を風靡できよう。

さて、本命の「むかご」。要は、あのハート型も、花の小粋も、この粒の芯に秘めている。それをふまえて扱ってほしい。

このむかご飯《めし》は、むかごの扱いの秀美と思うが、炊くことで小花の性が、まことに、それとなく、「私、ただものではないわよ」と言うのである。揚げたり、炒めたり、蒸したりできるけれど、この炊き込みご飯がふさわしい表現。おろし際に、生姜のみじん切りをはらりと切り込む。文句あるか！　てなもん。汁とお菜、香のものに頭をお使いください。

むかごは11月頃が旬、秋に多めに手に入れ、冬の間楽しめる。

むかご飯

●材料（作りやすい分量）

- むかご　カップ⅔
- 米　カップ3
- 昆布　（5cm角）1枚
- 塩　小匙1強
- 薄口醤油　小匙1½
- 酒　大匙1½〜2
- 水　カップ3⅓
- 生姜　適量

●作り方

1. むかごはきれいに洗っておく。
2. 米を研ぎ、1時間ほどザルにあげておく。
3. 鍋に米を入れ、分量の水を加え、さらに昆布、塩、醤油、酒、むかごを入れ、ざっくり混ぜ合わせて炊く。
4. 生姜はごく細かいみじん切りにし、炊きあがったご飯に加え、切り混ぜる。

山芋の球芽である
むかごは、
豆とも芋とも違う
食感と味わい。
心が鎮まる、
よい景色となった。

さつま芋

恥じらいを帯びたような甘味を、少しの油でくるんでみる。

味の美味《うま》い不味《まず》いを形容するのは、何でもないことの一つに扱われがちだが、過不足なく、責任も負って言葉にせねばならぬことの一つと思う。

私にさつま芋の味わいを問われたら「罪のない味」と言いたい。あのお芋の包含するところは、里芋にもじゃが芋にもない暖かな味、ちょっと恥じらいを帯びたような甘味に、それがひそんでいるように思う。そのゆえか、他の食物がなくても、あれだけで空腹をしのぐことができた。戦中戦後どれほど私どもは助けられたか、想像以上である。にもかかわらず、この芋が尊ばれ、感謝を受けていないのは何故であろう。楽々収穫できるゆえであろうか。

考え直し、認め直しをせねばならぬと思う。このように、少々ハイカラ扱いをし、ベシャメル系の料理に添えると、さつま芋の性格が活きてくる。

七十年前も米の補いに、米と芋の組み合わせは多々あった。あの米に少々の油を用いることを知っていたら……ちょっと知っている、知らないの差は大きい。

さつま芋のバターライス

●材料（作りやすい分量）

さつま芋（皮をむいた状態）　200g
枝豆（茹でて薄皮をむいた状態）　100g
米　カップ2
玉葱　適量
バター　適量
塩　適量
オリーブ油　適量
ローリエ　1枚
チキンブイヨン　カップ2 1/5
ブロッコリー　適宜

●作り方

① さつま芋を1cm角に切り、塩水につけてアクを抜き、水気をふいておく。
② 鍋にバターを入れ、①のさつま芋を炒める。
③ 別鍋にオリーブ油を入れ、みじん切りにした玉葱、ローリエを炒める。少し透明になってきたら米を加え、さらに炒める。
④ ブイヨン、塩少々を加え、さらに②のさつま芋、枝豆を加えてさっくり混ぜ合わせ、炊き上げる。つけ合わせは塩茹でしたブロッコリーを。

● チキンブイヨンは、日本スープの「チキンクリア」を6倍に希釈したものを用いた。

● メインは、鶏のフリカッセ。ベシャメルソースがバターライスによく合う。

さつま芋を塩水につけるのは、アク抜きと下味のため。

さつま芋をあらかじめバターで炒めておくと、炊きやすい。

米を炒めるのは、手で握って米同士がくっつく程度を目安に。

その後、ブイヨンを注ぎ入れ、さつま芋、枝豆を加えて炊く。

バターライスは、自由におかわりできるように、たっぷり用意したいもの。

蓮根

蓮根は、石川・金沢のものが極上。できれば泥付きのものを。タワシでよく泥を落とす。

蓮根の淡味そのものを味わう。野鳥を添えると納得感あり。

料理の見場《みば》をつくる時流に、直截内実のあるこうした食方法を示しうることをうれしく思う。蓮根の節《ふし》をも大切に、両節をつけたなりの丸蒸し。小口から切り、そのむっちり感の奥にひそむ蓮根の真味を味わう。少々の野鳥の肉、芹の辛子和えなどあれば、最たる趣向である。

料理名がさらに「鬼の腕」とは……歌舞伎『茨木』の、茨木童子が源頼光から奪い返し、大見得《おおみえ》を切るその腕。実は遠目にそっくり。いたって自然に名づいたと思う。加賀は小坂の蓮根を晩秋から冬にかけ入手なされば、なるほど鬼の腕。

鬼の腕（蓮根の丸蒸し）

余分の飾りはない。迷いもない。素材の味そのものを味わう「鬼の腕」は、料理の極致と言えよう。ここでは、付け合わせに、菊花のお浸し、芹の辛子和えを添えた。

●作り方138ページ

食べやすい厚さに切って食すが、137ページ写真のような演出をすると楽しい。

節は切り落としてはならない。節は漢方でも用いられるほど、滋養強壮によい。

切るのは節の中心。体の弱い人には、節をすったり刻んだりして食べさせるとよい。

節の部分を、丁寧に掃除する。細かい作業を可能にするペティナイフは必需品。

鬼の腕(蓮根の丸蒸し)

●材料(作りやすい分量)

蓮根　2節〜
塩(つけ水用)　適量
うずら　6〜7羽分
塩　適量
日本酒(あるいは泡盛)　少々
白味噌　適量
中辛味噌　少々(または、中辛味噌を甘酒でのばしても都合がよい)
オリーブ油　少々

●作り方

① 蓮根はタワシで洗い、節の真ん中から切り離す。節の黒い部分を掃除する。
② 7%の塩水に30分つけてから、蒸し器で、蒸しがついてから25分以上蒸す。竹串がすっと通ったら蒸し上がり。塩をぬり、オリーブ油をつけて保存が可能。
③白味噌、中辛味噌を混ぜ、うずらの漬け味噌を作る。
④ うずらは薄く塩をして、さっと日本酒(あるいは泡盛)にくぐらせる。
⑤バットに③の味噌を敷き、その上にガーゼをのせ、うずらを並べる。うずらの上に別のガーゼをのせ、上から味噌をぬりつける。2、3日冷蔵庫で漬けておく。

塩水に30分以上つけて、下味をつける。皮つきのまま用い、皮つきのまま食べる。

蒸し器に蓮根を入れて火にかける。目安は、蒸しがついてから25分以上。

竹串がすっと通るようになったら、蒸し上がった証拠。蓋を開け、このまま冷ます。

● 蒸した蓮根に塩を薄くぬり込み、オリーブ油をさらに重ねておくと、皮も乾かず、保存もきく。

⑥ 天板に薄くオリーブ油をぬり、⑤のうずらを並べてオリーブ油をぬりつけ、オーブンで焼く。

⑦ ②の蓮根を食べやすい厚さに切り、⑥のうずらと盛り合わせる。

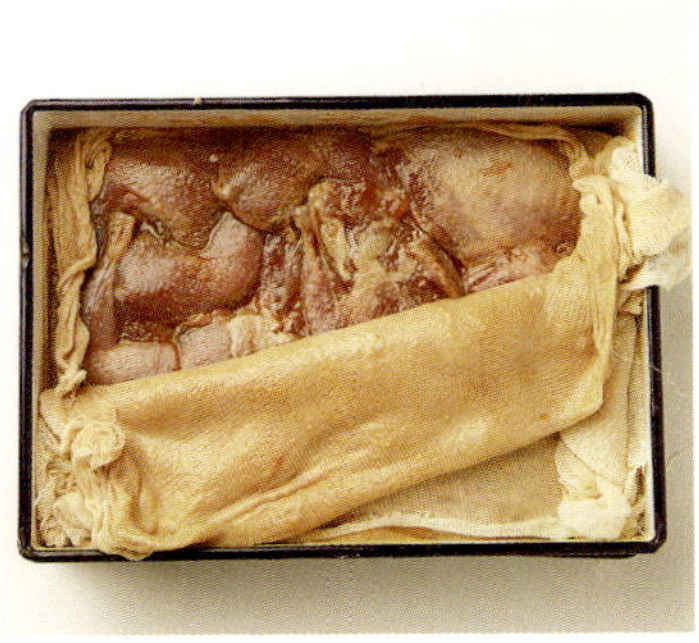

味噌、ガーゼ、うずら、ガーゼ、味噌の順に重ね、2、3日冷蔵庫で漬けておく。

天板に薄くオリーブ油をぬり、うずらを並べ、そこに油をぬり、オーブンで焼く。

すりおろし、蒸すことで生まれる、むっちりした食感と滋味と。

ご紹介するのは、加賀に伝わる蓮の蒸し物。薬食一如《やくしょくいちにょ》の知恵をもって、でんぷん質を扱う好例といえよう。

蓮根はしゃきしゃきしたものという思い込みから、歯ざわり優先の食習慣をもつ人が多い。しかし、すりおろし、蒸すことで、もっちり、むっちりとした独特の食感が生まれる。呼吸器を守り、体を温める薬効を求めると同時に、このむっちりを、かの土地では、厳冬の味として愛したに違いない。

肝心なのは、蓮根の質である。

産地によって、でんぷんの質量に異なりがある。ぜひ加賀の蓮根を、というより、加賀のものを用いてもらわなければならない。

栄養価の高いうなぎとともに蒸すことで、より優れたものになる。一串で四人分作れ、経済的でもあるが、もてなし料理としても上々。百合根、銀杏を加えれば、上々を超えて極上に。

もう一品は、卵白のみを加えて蒸し、素材そのものを味わう。こうした淡味のものは、人をくたびれさせない。

どちらも、葛あんはたっぷりかけ、おろしわさびを添えて、食べ心地をつくる。十二月から二月の、旬の時季をのがさず、試していただきたい。

蓮根の蒸し物 2種

●材料(4人分)

蓮根(すりおろしたもの)　カップ1強
うなぎの蒲焼き　1串
酒　少々
卵白　1個分
塩　少々
葛あん
［出汁カップ2　塩、みりん、醤油各少々　葛粉(または片栗粉)適量］
おろしわさび(またはおろし生姜)　適宜

●作り方

① 蓮根をすりおろし、汁ごとボウルにとっておく。
② うなぎに酒をまぶし、あぶり、8等分する。
③ 卵白をとき、塩を少々加え、半量の蓮根に混ぜて器に入れる。

葛あんは、たっぷり、具を覆うほどにかけるのがよい。家庭では、汁物代わりと考えていいかもしれない。

④ 別の器に、蓮根のすりおろしを入れ、うなぎをのせ、さらに蓮根を重ね、うなぎをのせる。最後に蓮根を重ねる。
⑤ 葛あんは出汁と調味料を煮立て、仕上げに水で溶いた葛粉でとろみをつける。
⑥ ③④を蒸し器で蒸す。蒸しがついてから、12分ほどが目安。⑤の葛あんをかけ、わさびをおろしてのせて供す。
● 蒸す際、蓋付きの器でなければ、水滴が落ちないよう、ラップで器を覆うか、小皿などをのせておく。

卵白を、泡立てないように混ぜ合わせておくこと。蒸し上がりが白く仕上がる。

すりおろした蓮根は、汁ごとボウルにとっておく。胃腸が弱っている人にもよい。

大根

極上のもてなし料理には、手順の一つひとつに理由がある。

大根ほど日本人に寄り添ってきた野菜はない。生でよし、煮てよし、干してよし。淡白なだけに、どんな味にもなる。それでいて、大根だからこその味わいは、誰もに好まれてきた。

昔から食べられてきたぶり大根は家庭の数だけレシピがあるが、ここで紹介するのは格別あか抜けている。その味が引き出されるのは、ぶりの下処理、そして大根の下茹での方法、そののちぶりの煮汁で別に煮るという手順ゆえ。このぶり大根を食べられるのは、私が教えた石川・珠洲《すず》市の湯宿「さか本」でのみ。名物となっている。

ぶり大根

下処理を丁寧にすると、温め直しても味崩れがなく、おいしく食べられるから不思議だ。

◎作り方144ページ

ぶり大根

●材料（作りやすい分量）
ぶりのあら　2尾分
国産レモン（下茹で用）　適量
大根　800g
糠（下茹で用）　適量
酒、みりん、醤油　各適量
［酒1・みりん$\frac{2}{3}$・醤油$\frac{1}{2}$の割合で調味］
生姜　適量
辛子　適宜
柚子の皮　適宜

●作り方
① たっぷりの熱湯に厚めに切ったレモンを入れ、ぶりのあらをさっと湯引く。
② 水をボウルに流し入れつつ、あらを歯ブラシできれいに掃除する。バットにあげておく。
③ ぶりを鍋に並べ入れて生姜の薄切りを入れ、まず酒を入れて火をつけ煮立ててあおる。次にみりんを加えて鍋回しをする。醤油を入れ、かぶるくらいまで水を入れ、アクを取りながら静かに煮る。
④ ぶりが煮えたら、バットに取り出しておく。煮汁は、必ず漉す。
⑤ 大根の皮をむき、2cm厚さの輪切りにする。
⑥ 糠水で⑤の大根の表面が透明になる

ぶりの下処理

一尾ごとさばけなければ、懇意の鮮魚店に新鮮なあらを頼んでおくとよい。

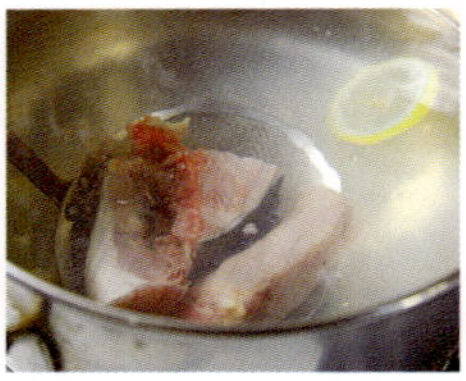
あらを湯がくとき、レモンの輪切りを2、3枚入れておく。臭みを取ってくれる。

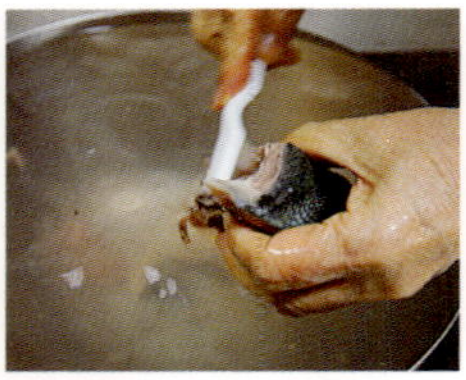
水を流し入れつつ、あらを歯ブラシで掃除。血のかたまりなどを丁寧に取り除く。

丁寧に掃除できるかが、味を左右することを忘れないでほしい。あらはバットに取りおく。

鍋にあらを並べ入れ、調味料を加え、ぶりを煮てゆく。アクが浮いたら、取り除く。

あらが炊き上がったら、バットに取り出す。残りの煮汁は必ず漉しておく。

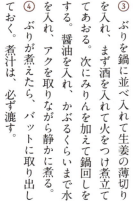

まで茹でる。

⑦ 別の鍋に湯を沸かしておき、⑥の大根を一つずつ移しながら糠を洗う。

⑧ ④の煮汁に⑦の大根を入れ、新たに酒、みりん、醤油を加えて味をととのえ、ことこと煮る。

⑨ 大根が炊き上がったら、④のぶりを鍋に戻し、炊き合わせる。柚子の皮の千切りをたっぷり添え、辛子と共に供す。

大根の下茹で

糠水を煮立て、輪切りにした大根を、表面が透明になるまで茹でる。

同時に別の鍋に湯を沸かしておき、大根を洗う。同温の湯なので中央がくぼまない。

煮汁で煮る

あらの残り汁を漉した煮汁で、下茹でした大根をしんみり炊く。調味料を加え、味をしみ込ませる。

大根が炊き上がったら、取り出しておいたあらを鍋に戻し、炊き合わせる。

胃腸が疲れている今、体も心もほっとする箸休めこそ食卓に。

大根ほど、日本人と付き合いの長い野菜はない。いわば先祖伝来、骨肉の蔬菜《そさい》。根も葉も皮もすべて食し、干して栄養価を高める知恵も重ねてきた(重量比でカルシウムは二十三倍、カリウムは十四倍、鉄分は四十九倍)。丸々使いこなす方法はご存じと思う。一本の中程は煮炊きものに適し、甘みのある首の部分はおろしなどに、辛味や苦味がある先のほうは薬味に用いるとよい。くれぐれも賢く選び、葉や皮まで食せるものを求めてほしい。

生で食べる大根おろしは、ジアスターゼ(別名アミラーゼ)という消化酵素が豊富で、でんぷんの消化をたすける。長年の知恵とはすばらしいもので、餅を大根おろしで食べるのは理にかなっており、胃腸が弱りやすい季節、毎食、食卓にあげていい。ただし、熱に弱く、また酸化しやすいため、食べる直前におろすこと。

おろし和えにするものには、

- 魚介類(じゃこ、いくら、なまこ)
- 茸類(なめこ、えのき)
- 果物類(りんご、柿、ぶどう)

などがある。穂紫蘇や茗荷を刻み込んでもよい。これらを、甘酢、二杯酢、三杯酢で和える。果物は、ほの甘く、子どもも喜ぶ。最近では箸休めなんて言葉も、とんと聞かなくなったが、これほど簡単で、箸どころか、体や心までほっと休まる一品はない。

大根のおろし和え2種

●材料（作りやすい分量）
大根の首の部分　4、5cm
甘酢　適量
マスカット　適量
柿　適量

●作り方
① マスカットの皮をむき、種を除いておく。
② 柿をむき、食べやすい大きさに切っておく。
③ 大根をおろし、ザルで水気を軽く絞ってから、果物と合わせ、甘酢で和える。

今は、ほとんど青首が主流だが、種類はさまざま。できる限り無農薬のものを選びたい。

酢の代わりに、バルサミコビアンコを用いると、何とも言えず上品になる。大根なますにも使ってみてほしい。

甘酢

●材料（作りやすい分量）
酢　大匙2〜2½
砂糖　小匙2
塩　少々
薄口醤油　少々
出汁　カップ1

●作り方
酢、砂糖、塩、薄口醤油を鍋に入れ、低温で火を入れる。味をみながら、出汁を加えてゆく。粗熱がとれたら冷蔵保存しておく。

甘酢をはじめ、二杯酢、三杯酢は、作りおきできる。小さな瓶一つを3、4日で使い切る。

冬
大根

大根の葉

粗葉、中葉、柔葉……と、性を知って、知恵を尽くす。

野菜の栄養素は、年々減っているそうだ。素材そのものの力が衰える一方の現在、必要な栄養素を摂るためには「一物全体《いちぶつぜんたい》食」を実行するしかない。

残念ながら、大根葉を食べる人は、今ほとんどないと聞く。だが、葉は、実に栄養価に富んでいる。ぜひ有機無農薬のものを手に入れ、賢く食べていただきたい。

立派な外側の粗葉は、固く、水分が少ないため、パリパリに揚げると、この上なく面白い食感となる。母の辰巳浜子（家庭料理家）は当初、焼き塩で供していたが、さらなるひらめきで大根おろしと和えた。中葉は、苦味も歯ざわりもほどほど、炒め物に。中心の柔葉はくせが最も少ないので、菜飯に。素材の性を知り、使い分けるために頭を使うのは、また楽しい。

粗葉の食感と油分が、おろしと出合うことで、絶妙な調和が生まれた。

大根葉の用い方・2種

大根葉のおろし和え

材料（作りやすい分量）
大根葉（粗葉。茎の部分は使わない）
1人当たり3枚見当
揚げ油（なたね油）　適量
大根（首の部分）おろして　カップ½
柑橘類の搾り汁　少々
醤油　少々

カロテン、ビタミンC、食物繊維が豊富。中葉は炒め、酒、砂糖、醤油で甘辛味。小鉢物、ご飯にのせても美味。

栄養豊かな柔葉を主食に混ぜるのは賢い方法。何とも言えず、旨いものの一つ。

●作り方

① 茎からはずした粗葉を、低めの温度でじっくり揚げる。ゆっくり脱水させるように。

② パリパリのパイ状に揚がったら、ペーパータオルにとって油をきり、その中で粗く割る。

③ 大根をおろして、水分は軽くしたんでおく。

④ 柑橘類の搾り汁、醤油でポンスを作り、大根おろしに和える。その後、②の大根葉をさっくり混ぜ合わせる。

菜飯

●材料(作りやすい分量)

大根葉(中心のほうの柔葉と芯の部分)　適量

塩　適量

ご飯　適量

●作り方

① たっぷりの湯で、大根葉をさっと湯引く。

② 冷水にとり軽く絞り、こまごまに刻んで、塩を加えてもみ、固く絞る。

③ 炊きたてのご飯に混ぜ込む。

揚げた粗葉の扱い。

濃緑の粗葉は、焼き塩で味見してほしい。粗く割るには、ペーパータオルで押さえるようにする。

大根葉はさっと湯引くのみ。くたくたに茹でては、さわやかな香りも口当たりも失う。

葉は細かく刻んだほうがおいしい。その後、塩をもみ込み、固く絞る。

熱いご飯に絞った葉を入れ、しゃもじをタテに用いて、切り混ぜる。

大根の皮

さっと炒め、三杯酢漬け……同じ食感で違う味わいを楽しむ。

今まで捨ててきたものも、知恵を使い食べ習うべき時代がやってくる。魚や肉の骨から出汁をひき、野菜の皮や種子からも栄養をいただく。それは、次の時代を迎えようつように生きるため。自分の体のことだけを言っているのではない。家族、それもこれからの人である子どもの体をつくるため。

とくに野菜は、安心できる国産の、有機の作り手を支援し、買い支えていくことが大事だ。いま農家は、十人中六、七人が高齢者。五年後にはどうなるか、私たちが生きている状況がどれほど危ういか、容易に想像がつくのではないだろうか。目先のおいしさを求め、安さに惑わされている場合ではない。一人ひとりの自覚から、時流は変わってゆくのだと思う。

大根の皮も立派な惣菜になることをお見せする。作らないほうが不思議と思えるほど、作り方は簡単。コツと言えば、皮のむき方くらいか。歯ごたえを残し、部位による食感の違いを味わってみてほしい。

大根の皮の用い方・2種

三杯酢漬け

●材料（作りやすい分量）

大根の皮　½本分
三杯酢　適量
［出汁カップ1　酢大匙2½　薄口醤油大匙1½　煮きりみりん大匙1½　塩少々］
赤唐辛子　1～2本

●作り方

① 大根は縦に皮をむく。むいた皮を1.5cmに切り、小口切りにした赤唐辛子とともに三杯酢に漬ける。2～3時間たてば、食べられる。

さっと炒め

●材料（作りやすい分量）

大根の皮　½本分
オリーブ油　適量
酒　適量
薄口醤油　適量
赤唐辛子　1～2本

●作り方

① 大根の皮を三杯酢漬け同様に1.5cmに切る。
② 鍋にオリーブ油を入れ、①を入れて火にかけ、中火で炒める。
③ 種を取り小口切りにした赤唐辛子を加え、酒をからめ、醤油でさっと味をつける。

皮は1本丸ごと、縦に引くようにむく。むき跡が美しく、その後の処理もしやすい。

中央部分は、まとめてふろふき大根にし、煮もの、おでん、味噌汁の具などに展開する。

皮を、1・5㎝幅に切ってゆく。炒めるのも、酢漬けにするのも、同じ大きさでよい。

三杯酢に、赤唐辛子の輪切りとともに漬け込む。4、5日は、冷蔵庫に保存しておける。

赤唐辛子の代わりに、一味唐辛子もよい。大根のむっとしたにおいをやわらげ、味のアクセントになってくれる。

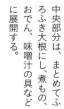

大根を干す

太陽と風の力を借りて、旨みを凝縮。節約の時代にこそ。

「何だ、切り干し大根か」とあなどらないでほしい。太陽と風の影響を受け、グルタミンを増やし、ビタミンやミネラルを凝縮、雪の降りつづく季節、日本人を支えてきた。戦時中、切り干し大根を小さく刻み、ひとつかみの米を炊いて食べた覚えが、私にもある。マスコミが、こぞって節約を叫ぶ今、なぜ人々の目が乾物にゆかぬか不思議でならない。「切る」手間さえ省けるのだから、時間創出もできよう。

私は、大根の他に人参、ごぼうも干す。たった半日干しても美味しくなる。

切り干し大根は、里芋とともに味噌汁に。甘酢で、はりはり漬けに(酢にりんごジュースを加える私の方法なら、爽やかで洒落た味になる)。

輪切りの干し大根は、厚揚げと炊き合わせるとよい。出汁に、酒、砂糖、薄口醤油、塩で調味して厚揚げを炊く。その煮汁を送り使いして、水で戻した大根を炊くとしみじみする。

江戸時代の農学者・佐藤信淵《さとうのぶひろ》が「この物不足なるときは、五穀の凶荒と異なることなし」と讃えた大根。その薬効を大切に思い、畏敬の念を人々がもってきたことは、在来種がゆうに百を超えることからもわかる。

●扱い方

たっぷりの水で洗い、酢漬けにするなら、すぐ水気を絞る。炊く場合は、10～30分水に浸け、軽く絞ってから用いる。干した大根の扱いは、乾燥具合、厚さで変わってくる。

輪切りは、3～5㎜ほどの厚さに。厚さは均等にする。

さらに千切りに。厚さは、好みでいろいろ試してみるのもいい。

冬の乾いた空気の中で、旨みをたくわえる。
半日干すだけでも、
もっと言えば、2、3時間でも味わいは深まる。

冬

沢庵漬け

沢庵《たくあん》漬け

切れ味と人間味に、かけがえのない尊さを感じずにいられない。

「死ぬ前に　何が　食べたい？」

「おいしいご飯と　沢庵」

私はいつでも冗談心でなく、心底からの直観で「沢庵」と答えてきた。にもかかわらず、沢庵の味わいを未だ言葉になしえていないのを申し訳ないと思う。いま言えるのは、突拍子もない引き合いだが、バンドネオンの切れ味と音色の人間味は沢庵に通い合うものがあると感じられてならないことだ。

沢庵の作り方は、各地方と人それぞれであろう。ご紹介するのは、北海道当別のトラピスト、故・永田徳市《ながたとくいち》神父の方法である。この方法に倣《なら》った理由は、トラピストの自給自足の主役であるチーズ、黒パンに等しく、沢庵は修道生活の安定に欠かせぬものに違いない、したがって徹底的につきつめてあると考えたからである。

大根を抜く時期／乾かし方／塩と糠の割合／漬け込み方／桶中の面倒見の方法。

私から皆さまに申し上げることは、有機無農薬の大根。とくに「糠」こそ有機無農薬でありたい。何でもないことが一番難しくなってしまった。糠漬けも同様。

11月の乾いた風で干し、
これから漬けるのを
待つばかり。

◉作り方156ページ

沢庵漬け

●材料（漬けやすい分量）
干し大根　30〜40本（約10kg）
糠　4升（7.2ℓ）
塩　600〜800g
赤唐辛子　適量
干し大根葉　適量

やわらかい沢庵が好きなら、半月に曲がるまで干す。

塩600gなら春で食べきる目安。800gは夏まで。

隙間なく大根を詰める。塩糠と同時に赤唐辛子も適宜。

●大根の干し方
わが家では、干し場の都合で根と葉を分けて干す。下拵えは大根葉を芯からもぎ取り、根、葉ともによく洗う。日当たり・風通しのよい場所につるし干しにする。やわらかいのが好きな人は〝半月〟に、固めが好きな人は〝への字〟に曲がるまで干す。最低10日はかかる。

●作り方
① 干し大根を1本ずつもみ、大きさ別に分類する。
② 塩と糠を合わせる。
③ 漬け樽の底に、塩糠を3cm目安に入れ、太めの大根から、樽の周囲に沿わせるようにきっちり詰めていく。1段詰めたら、塩糠をのせ、ぐいぐい押しつける。赤唐辛子も適宜のせる。
④ 以上を繰り返して、全部漬ける。一番上には、厚めに塩糠を置き、さらに大根葉をかぶせるように置き、最後に塩糠をかける。中蓋をし、重石をのせ、ビニールをぴったりかけて、冷暗所に保存する。
● 40日目くらいから食べられる。
● 沢庵を取り出したら、残りが空気に触れないよう、糠を集めて埋めておくこと。

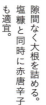

詰め終わったら、最後の塩糠は厚めにする。

葉を覆うようにかぶせる。残りの塩糠ものせる。

玉樽、中蓋も熱湯で消毒し、重石は煮沸消毒したい。

有機無農薬の糠については、茂仁香に問合せを。
☎0467・24・4088
※有機無農薬米を購入した場合のみ、糠3kgまで無料。

蓋にした大根葉をはがしたところ。よい具合に漬かり、大満足。

切り、選び、盛る。そこに美意識が問われるのが一興。

漬物の性格をふまえ、切るべきように切り、ふさわしい盛鉢に、ある種の勢いをもって盛ってある。

こうした溜息の出るような一鉢を供せる人は、実は、何人もいない。亡くなられた辻嘉一《つじかいち》さんと、言いにくいが、私の母（辰巳浜子）くらいではないか。ひそかな想像だが、彫刻家が漬物を切り、器を選び、盛り付けなさるとどうなるか。舟越保武《ふなこしやすたけ》先生、佐藤忠良《さとうちゅうりょう》先生。お二人とも、沢庵がなくては、食事が締めくくれないお顔ではありませんか……だから、きっとお上手であるに違いない。何せ、漬物を取り合わせ、切り、器を選び、盛る。美意識は速断を迫られるから。

一日三回、三六五日という時代は、一年千回の余。時に古漬けに問われるのは必定。そうそう。名だたる天ぷら屋は古漬けが清潔に出なくちゃ話にならなかった。

沢庵に紅生姜の力で、別趣の食べ心地を作った。写真の紅生姜をはさんだ沢庵だが、もう一息薄いと妙味がある。こういうことって、ほんとに一息が問われるのよね。だから面白い。

沢庵の切り方

●材料

沢庵　適量
紅生姜（丸ごと漬けたもの）　適量
酒　少々

●作り方

① 沢庵を薄く切って味見をする。塩強さで、以下の手順で切ったのち、さっと水をかけて絞り、酒をふるとよい。

② 5㎜の薄切りで1種。2㎜に切った沢庵に、1㎜弱の薄切りにした紅生姜をはさみこみ、2種。沢庵を千切りにし、1㎜角に切った紅生姜をさっくり混ぜ合わせて3種。

● 糠くさければ、レモン汁を搾った氷水につけるとよい。

漬かり具合を、舌で確かめることが肝心。何より切り方に関わってくる。智恵の働かせどころ。

紅生姜の赤が入ると、
とたんに景色が立体的になる。
味わいも同じ。

冬

百合根

百合根

よい百合根を選ぶこと。ハリがあり、大きな鱗片をもち、きれいな象牙色をしたものを。

オリーブ油と塩だけで香気を食す、シンプルの極み。

百合根という食材は、うれしくも、どこまでいっても百合の根である。その淡味に備わる品格・香気・食感。そのゆえに、扱いは尊いものに接するほどの気構えで対してほしい。

まず、よい百合根を入手すること。入手した百合根は大方おがくずに埋まって到着するが、冷暗所で保存する。

扱いの基本は、申し分のない蒸し方を掌中にすること。これができなければ、何事も始まらない。

一つは、布巾で包んだ重なりの厚い面を下にすること。強い蒸気から百合根を守る、いわば、座布団代わり。

二つめは、余熱利用だ。七割ほど仕上がったら火を止め、蒸し上げる。余熱は、野菜を蒸したり茹でたりする際の基本中の基本だ。肝心なのは、完全に冷めるまで布巾を開けないことだ。うっかりすると皮がむけてしまう、それほどデリケートなものと心得る。

正月のお重詰めなど、種々なる味が交差する取り合わせに、ぜひ静かに取り入れたい一品である。

百合根の蒸し物

●材料

百合根　適量

塩　適量

オリーブ油　適量

●作り方

① 百合根はきれいに水洗いして根元を切り、ペティナイフで一片ずつ切りはがす。大きな片と、小さな片は別々に取りおく。

② 吸いものよりやや濃いめの塩水を作り、大きさ別に①の百合根を15分ほどつけておく。

③ 布巾を広げ、中央に②の百合根を置く。手前と向こう側の布巾をかぶせ、右の布巾をかぶせたら、左は下側に折り込み、この面を上にして蒸す。

④ 蒸気の上がり始めた蒸し鍋に入れ、蒸しがついてから5、6分。火を止めて、余熱を利用して仕上げ、そのまま冷ます。

⑤ 器に盛りつけ、オリーブ油を回しかけ、塩・オイルを添えて供す。

可憐な花びらのようなゆかしさ。
もてなし料理としても喜ばれる。
サラダに加えても品がよい。

塩水につける。大小に分けて扱うのは、蒸し時間が微妙に違うため。蒸すのも別々にする。

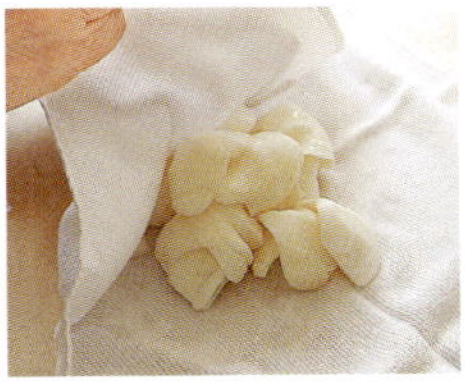

まず、手前と向こう側を折り、次に布巾の右を上に折り、左側を下に折り込む。

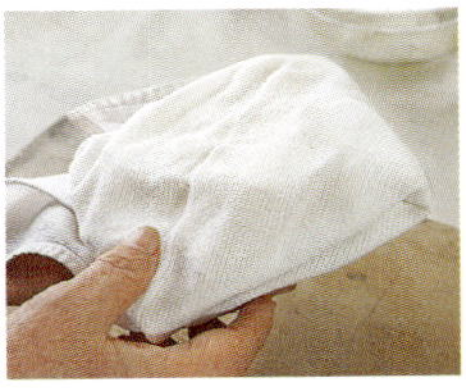

重なりの厚いほうを下にして蒸す。強い蒸気から守る工夫だ。蒸気が上がり始めてから鍋に。

火を止めたら余熱で蒸し上げ、鍋中で冷ます。すぐ包みを開くと皮がむけてしまう。

温製の前菜として、国賓級の扱いにふさわしい。

百合根の象牙色の香気にとりつかれた如く、またもや百合根。しかし「コキール」にしたので、注目なさいませ。

はじめに苦言を呈すると、第一につややかなベシャメルが作れるか、次は160ページの解説通りに百合根を蒸せるか否か。仕上がりは、小ぶりのコキール型のあつあつ。温製の前菜扱いとしても、前菜と魚料理の間に供するのも美しい。

これを考えついた発端は、各国の大公使とそのぐるりの名流婦人の集まりから、日本料理の紹介を頼まれたことから。食文化を納得してもらうのは、意外に困難であることを熟知していたから、作戦を練った。一番出汁で、ブイヤベースを仕立て(具材は、あいなめの葛たたき、さい巻きの真蒸《しんじょう》、蛤)国賓級とし、この相手として百合根のコキールを考案した。これらの調和と美味は後々までの語り草になったとか。彼らにとって、昆布、鰹節など、得体の知れぬものなのに。

辰巳さんって、頑張るでしょ?

百合根のコキール

●材料(作りやすい分量)
蒸した百合根　適量
チキンブイヨン　適量
ベシャメルソース　1単位(14ページ参照)
[バター50g　小麦粉70g　牛乳カップ2
塩小匙1　ローリエ1枚]

●作り方
① ベシャメルソースの作り方は14ページを参照。
② 百合根の蒸し方は160ページ参照。
③ ベシャメルを2.5倍のブイヨンでのばしたソースを百合根と和える。
④ ココットに③を盛りつけ、オーブンで焼く。

● ベシャメル作りのコツは、直径18cmの厚手の片手鍋を用いること。ソースを練るとき、持ち手が必要になる。

● ベシャメルは1単位作りおきして、使う分のみ取り、料理によってブイヨンでのばす。

料理と料理の合間に供すと、
食事のアクセントになる。

干し柿

静かな佇まいの中の、素直で優しい甘味が身上。

「柿なます」この呼び名に誘われて、ほほえましくも思いめぐらすのは、若い頃の正月、お初釜《はつがま》の光景である。「おめでとうございます」と玄関をあけると、漂う香のかおり。お茶室の掛け物もお花も新年を象徴し、心あらたまるのを感じる。集う方々は、どなたも、あやめ・かきつばたのようでいらした。

一通りのお茶事のあとの祝膳は、約束事のように五目寿司、お椀、そして向付《むこうづけ》がこの柿なますであった。そのわけは大根の白、人参の赤、紅白のお目出たに、砂糖の乏しかった時代、干し柿の素直な優しい甘味を喜んだのであろう。

私も、障子越しに差し込む冬日のような柿なますは、賑やかな鍋物に、もの静かに置かれるのを好ましく思う。

干し柿は、「あんぽんたん」と呼ばれているようなやわらかいものだと扱いやすい。硬くなったものは、前日からみりんに漬けておくとよい。いずれにせよ、大根は縦目の細切り、人参も同じく縦切りで、大根の半分の細さ。何でもないことが問われる。新年はことさら。

柿なます

●材料(作りやすい分量)

干し柿　4個
みりん　適量
大根　300g
人参　100g
(大根3、人参1の割合がバランスがよい)
塩　適量
二杯酢　適量
[出汁カップ1　酢大匙3　塩少々
薄口醤油大匙2]
柚子の皮　少々

●作り方

① 干し柿の種を取り、四つ割りにし、瓶などでみりんに漬けておく。
② 大根は縦の繊維に沿って3㎜弱の細切り。人参は1.5㎜の細切り。ボウルに入れ、軽く塩をまぶし、少しおいてからボウルを返しては、塩を行き渡らせる。柚子の皮はごく細い千切りにしておく。
③ 漬けておいた干し柿を擂り鉢で擂る。二杯酢を加えて、さらに擂る。ねっとりした中にも、柿の舌ざわりが残るくらいが目安。
④ ②の大根、人参を絞り、③と混ぜ合わせる。さらに柚子の皮をひとつまみ加え、さっくり混ぜる。器に盛り、柚子の皮をのせて供す。

二杯酢の酢の代わりに、柚子の搾り汁を用いると上等。
健康的。サラダと違う、
日本独特の野菜の生食の仕方と思う。

漬けるみりんは味が問われる。角谷文治郎商店の三州三河味醂をすすめる。

縦目の細切りは、よりよい食感のため。人参は大根の1/3量。

塩をまぶした後、大根と人参を手のひらにのせ、指で余分な水分を絞る。

柿の擂り加減は好みで。仕上がりの味を想定して、二杯酢を加える。

煮しめ

五感を一気に使い、多種類の根菜を知恵でまとめる。

「煮しめ」と私との関わりは、味わいを知って八十余年、作り始めて四十余年。つくづく日本料理の魂に位置する食べ物の一つと認められてならない。身近な根菜。個々の持ち味を大切に生かしながら、全体の味の調和を創出する。そして、料理は同一ながら、吉凶に応じた盛りつけをする。その精一杯は、作り続けてきた者にしか見抜けないかもしれない。

私は、年々歳々、里芋の土を落としながら、蓮根の節の重さを量りながら、ふと感覚的に昔々の女たちと一体化することがある。彼女たちは、限られた食べ物を前に、どれほどおいしく作りたい、作らねばと願ったことか(失敗を補う他の食べ物はないのだから)。あの人たちは健気だったと思う。多種類の根菜をよくここまで美しい食べ物にしたと、心延《こころば》えさえ感じられてならない。

料理は、五感を一気に使う。知識と経験の統計の裏づけを土台に、感覚をひとまとめに使う。多種類ある仕事の中で、数少ない仕事に属すると思う。

ご紹介した煮しめは、現代人がまごつかぬよう組み立てている。

今年は貴女の五感の出番だ。

次ページで紹介するチャート、
レシピを参照してほしい。
赤飯を物相で抜き、
盛り合わせれば、
もてなしとしてふさわしい。
徳利は、北大路魯山人作。

野菜を種類別に炊く。合理性でもって伝統料理に向き合う。

今年こそは「煮しめ」を作ってみたいな、作れるようになりたいな。こんな憧れを抱いておいでの読者は何人おられるだろう。「憧れ」は人生の星だと思う。そのまたたきは、条件いかん、法則いかん。輝くも消えるも、実は優れた方法抜きには輝けない。

母が煮しめの法則にたどり着いたのは、五十歳近くであったと思う。主婦として三十年。多種類の野菜を種類別に美しく炊く、煮汁の不経済をこぼしているのをよく聞いた。第一群、第二群に分けて煮汁を追い使い。「今度からこうする」と言う母は愉快気であった。母の思案の末が、六十年をへて皆さまの星を守り、導けるのは、無量の感がある。

12月30日

16時　17時　18時　19時

第一群

第二群

椎茸

作り方170ページ

水に浸す

煮始める
煮上がり

盆ザルをかぶせ、煮汁に含ませておく

17時30分

鶏団子

作り方170ページ

昆布出汁、一番出汁、二番出汁をとる

焼き豆腐

作り方172ページ

茹でて「す」を入れる

19時30分

作業時間
味を含ませる時間

味見

味が足りなければ、調味料を加えて味を調え、静かに煮ておく。

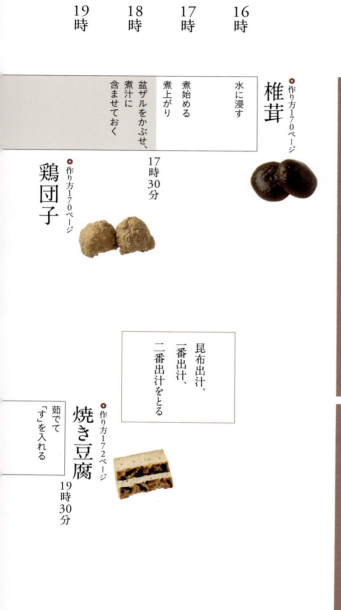

12月31日

20時　21時　就寝前　7時　8時　9時　10時　11時　12時　13時

椎茸の煮汁

20時
鶏団子を作る
煮始める
煮上がり
21時
味見
一晩、
味を含ませる
7時
煮汁の脂を取り、
火を通す(15分)

鶏団子の煮汁

ごぼう

作り方171ページ

洗って切り、
糠水で茹でる
斜め薄切りにする
下煮
本炊き(20分)
煮上がってから
半日、
味を含ませる

ごぼうの煮汁

こんにゃく

作り方171ページ

塩もみし、茹でる
手綱に結ぶ
味をととのえ、
煮しめる
12時30分

煮る(20分)
20時30分
味見
一晩、
味を含ませる
味見

焼き豆腐の煮汁

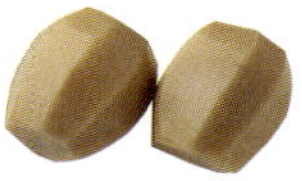

里芋

作り方172ページ

洗って風に当てる
7時
皮をむき、煮る
9時
煮上がってから
半日、
味を含ませる

里芋の煮汁

蓮根

作り方173ページ

下ごしらえする
油通しする
煮始める
味を含ませる

人参

作り方173ページ

9時
下ごしらえする
煮始める
そのまま
味を含ませる

冬
煮しめ

第一群

始まりは椎茸から。煮汁を送り使いし、味に深みを。

「煮しめ」が、筑前炊き、がめ煮などに比し、優れている点をあげてみる。「料理の格づけとして」。①その味わい ②品位 ③これらの故に吉凶いずれの席にも供しうる。「仕事内容として」。この、二系列に分けて炊く方法は、論理的であるから、多種類の材料を扱うにもかかわらず、整然と仕事をすすめられる。煮汁にムダがないから、始末に困らない。すべからく、料理は段取り次第で、苦なく仕上がりの楽しみを我がものとすることができるものだが、それを体験おできになるだろう。ご成功を祈ります。

椎茸 一番目

●材料(作りやすい分量)
干し椎茸 (中)15枚(60g)
煮汁
[椎茸の戻し汁+水カップ4 みりん大匙2½ 砂糖大匙2½ 醤油大匙3]

●作り方
① 干し椎茸は、ひたひたの水に浸してやわらかく戻す。
② 椎茸の水気を軽くしぼり、石づきを除き、軸は切って残しておく。
③ 椎茸を軸も一緒に鍋に入れ、戻し汁と水、みりん、砂糖を加えて約5分、中火の弱で煮てから醤油を加え、蓋をして約20分煮る。火を止め、そのまま3時間くらいおいて味を含ませる。
● 味を含ませている間に、滴が落ちないよう、蓋を盆ザルにかえておく。
● 椎茸の影響で鶏臭をおさめて炊く。

鶏団子 二番目

●材料(作りやすい分量)
鶏団子
[鶏挽き肉400g 卵1個 生姜汁小匙2 みりん大匙1 醤油大匙1 塩少々 浮き粉大匙3(または葛粉大匙2) 水カップ½]
煮汁
[椎茸の煮汁+昆布出汁カップ4~5 酒大匙1½ みりん大匙1½ 醤油大匙3]

●作り方
① 鶏挽き肉に卵、生姜汁、みりん、醤油、塩を加え、手でよく混ぜる。分量の水で溶いた浮き粉を少しずつ加えながら混ぜ、肉がスプーンからぽとりと落ちるくらいのやわらかさにする。
② 鶏団子が平らに並ぶ大きさの鍋を用意し、「椎茸の煮汁」と昆布出汁、煮汁用の調味料を加えて煮立てる。水でぬらした大匙に、3分の2くらい①の肉をすくい、ゴムべらで形を整えながら落とし入れる。
③ 肉の表面が白くなり、固まりかけたら、落とし蓋をして鍋蓋もする。弱火で約20分煮るが、途中で一度、上下を返す。そのまま一晩おいて味を含ませる。
● 滴が落ちないよう、蓋を盆ザルにかえておく。
● 鶏の首骨を出刃で細かくたたき加えると、旨みと独特の口当たりが加わる。

一番目。
干し椎茸の戻し汁が、
次に煮る食材の味を活かす。

二番目。
鶏肉のくさみを、
椎茸の旨みがくるんでくれる。

三番目。
淡白なごぼうの味を、
鶏肉の旨みで煮てゆく。

四番目。
味のないこんにゃくこそ、
3つの味わいが助けに。

ごぼう 三番目

●材料（作りやすい分量）

ごぼう（土つき） 300g
米糠 カップ1/4
下煮用煮汁
［水カップ3 昆布7〜10cm 酒大匙3 梅干し1個］
煮汁
［鶏団子の煮汁＋昆布出汁カップ3 酒大匙1½ みりん大匙1½ 醤油大匙1½］

●作り方

① ごぼうは、たわしで洗い、鍋の大きさに合わせて切る。
② 鍋にたっぷりの水と米糠を入れて沸かし、ごぼうを八分通りやわらかくなるまで茹でる。
③ ②のごぼうを水で洗い、斜め薄切りにし、下煮用の煮汁で火が通るまで、中火の弱で煮る。
④ 「鶏団子の煮汁」の表面の脂を取り除いて漉し、昆布出汁と調味料を加え、③のごぼうを入れて蓋をし、約20分間煮る。そのまま半日おいて味を含ませる。

● 皮に旨みがあるので、皮はむかない。
● 滴が落ちないよう、蓋を盆ザルにかえておく。

こんにゃく 四番目

●材料（作りやすい分量）

こんにゃく 1½枚
塩 適量
煮汁
［ごぼうの煮汁＋昆布出汁カップ2 酒大匙2 みりん大匙1½ 醤油大匙1］

●作り方

① こんにゃくは、たっぷりの塩をふってよくもみ、水で洗い、4〜5分間、下茹でする。
② ①のこんにゃくを横にして、端から4〜5mm厚さに切る。真ん中より少しずらして約1cmの切り目を入れ、片方の端をその中に通し、手綱結びにする。
③ 鍋に、「ごぼうの煮汁」と昆布出汁、煮汁用の調味料、こんにゃくを入れて蓋をし、中火の弱でしばらく煮てから蓋を取り、煮汁がなくなるまで煮しめる。

●出汁は、料理全体に必要とする分量を一度にひくほうが合理的。昆布出汁と一番出汁は、ひいた後にかくし塩を。二番出汁は、酒と薄口醤油で安定させておく。作り方の中で出汁とあるのは、二番出汁をさす。
●168ページに、一群、二群と分けて炊く「段取り」をチャートで紹介した。それを、目の前などに貼り、取りかかってほしい。

第二群

ごまめの風味と味を豆腐に。送り使いするには理由がある。

この煮しめは二系列に分けて炊く。

系列の分類は「味わい」を核にすえてあるが、味の合理性は、自ら医食同源的な完成度も備えていると思う。すなわち第一群は鶏肉の成分の影響を受けて、美味に落ち着くもの。

第二群はごまめを炒ったあとの、かけがえのない濃厚な風味と甘辛味を焼き豆腐に送り使いする。つまり、鍋肌に固着した、作るに作れぬ味の源を計算に入れたのである。なぜだろう。豆腐は性根が強く、なまなかのことでは、味がのらぬからである。当節、目にせぬ鍋肌という名詞を、覚えてほしい。

鶏団子も、椎茸の煮汁で鶏臭をおさめてある。後世に遺る仕事は、見えぬところで「やってある」。肝に銘じよう。

焼き豆腐

●材料(作りやすい分量)

焼き豆腐　2丁

煮汁

［二番出汁カップ3　酒大匙2½　みりん大匙2½　砂糖大匙1½弱　醤油大匙3強］

●作り方

① 焼き豆腐は縦に2つに切ってから1.5cm厚さくらいに切り、ひたひたの水でぐらぐら茹でて「す」を入れ、ザルに上げる。

② 田作りを作った鍋に、二番出汁と煮汁用の調味料、①の豆腐を入れ、蓋をして約20分、中火の弱で煮る。火を止めて、一晩、味を含ませる。

● 味を含ませている間、滴が落ちないよう、蓋を盆ザルにかえておく。

里芋

●材料(作りやすい分量)

里芋　(正味)600g

煮汁

［焼き豆腐の煮汁+二番出汁カップ4　みりん大匙1½　砂糖大匙1½　薄口醤油大匙3］

●作り方

① 里芋は洗ってざるに上げ、風に当てておく(むきやすくなる)。

② 里芋は縦に、形を整えながら皮をむき、固く絞った布巾でぬめりをふく。

③ 里芋が平らに並ぶ大きさの鍋を用意し、「焼き豆腐の煮汁」と二番出汁、煮汁用の調味料を加えて火にかける。温まったら里芋を加え、やわらかくなるまで中火の弱で煮る。火を止めて、半日、味を含ませる。

● 盆ザルの蓋をしておく。

「す」を入れ、味を染み込みやすくする。

油で揚げることでアクをおさめる。

塩味に投じれば、吹きこぼれにくく。

単独で煮て、きれいな色に仕上げる。

蓮根

●材料（作りやすい分量）

蓮根（正味）300g

酢 少々

揚げ油 適量

煮汁

［里芋の煮汁＋二番出汁カップ2½〜3 酒大匙1½ みりん大匙2 薄口醤油大匙2］

●作り方

① 蓮根は皮をむき、7、8㎜厚さの輪切りにし、酢を入れた水に浸す。

② 揚げ油を180℃に熱し、①の蓮根の水気を布巾でふいて揚げる（油通しするのはアク止めである）。

③ 鍋に、揚げた蓮根、「里芋の煮汁」と二番出汁、煮汁用の調味料を入れ、蓋をして中火の弱で煮汁がほぼなくなるまで煮含める。

● 加賀蓮根は、輪切りにすると周囲に小さな穴が開いているのが特徴。本当に炙った焼き豆腐は、中心に串を刺した跡がある。

人参

●材料（作りやすい分量）

人参 200g

煮汁

［昆布出汁カップ1½ 梅干し1個 砂糖大匙1½ 塩小匙½ 薄口醤油少々］

●作り方

① 人参は皮をむき、7㎜厚さの輪切りにし、水に約10分浸してアクを解消する。

② 鍋に人参と昆布出汁、調味料、梅干しを入れ、蓋をして中火の弱でやわらかくなるまで煮る。

●出汁は、料理全体に必要とする分量を一度にひくほうが合理的。昆布出汁と一番出汁は、ひいた後にかくし塩を。二番出汁は、酒と薄口醤油で安定させておく。

あとがき

表題の「野菜に習う」の「に」という助詞を、ふと気にして下さった方が、いらしたらうれしい。

「野菜の…」ではなく「野菜に…」。なぜでしょう。答えは、半分読んで下されば、わかったような心地におなりと思います。

野菜というものの「いのち」と、人という人間の「いのち」。これを「いのちそのもの」の観点から観ると、人間がもののいのちより優位であると思うのは、単なる思い込みにすぎぬことが見えてくるはずです。

もの言わぬ野菜の求め、これに繰り返し応えることで、美味がうまれる。

いつの日にか、ものと人の関わりを身につけた人になれるはずです。

辰巳芳子

辰巳芳子　たつみ・よしこ
1924年、東京生まれ。料理家、随筆家。聖心女子学院卒業。料理家の母・辰巳浜子に家庭料理の薫陶を受け、45歳で料理家として立つ。フランス料理、イタリア料理、スペイン料理の研鑽を積み、「蒸らし炒め」はじめ独自の手法を確立。父親の介護体験から、生まれてから死ぬ日まで〝いのちを支える〟ものとして「スープ」に着目。1996年から「スープの会」を主宰、啓蒙を続けている。NPO法人「良い食材を伝える会」会長、NPO法人「大豆100粒運動を支える会」会長。

料理助手・対馬千賀子
撮影・小林庸浩、青木和義（176P）、いのまた政明（13～15、33、35、43、45、64～65、67、70～71、73、87、93、95、113、130～131P）
デザイン・若山嘉代子（L'espace）
校正・畠山美音
協力・対馬千賀子、斉藤正子
編集・越川典子（クロワッサン編集部）

●本書は、クロワッサン連載「いのちの食卓 野菜に習う」（778～850号）と『いのちをいつくしむ新家庭料理』（2003年）より抜粋し、加筆訂正して再構成したものです。

辰巳芳子の野菜に習う

2016年5月26日　第1刷発行

著者　辰巳芳子
発行者　石﨑　孟
発行所　株式会社　マガジンハウス
〒104-8003
東京都中央区銀座3-13-10
電話　03-3545-7061（クロワッサン編集部）
049-275-1811（受注センター）
印刷所・製本所　株式会社　千代田プリントメディア

ISBN978-4-8387-2858-9　C2077